人材が続々集まる、メキメキ育つ!

スゴい保険代理店経営

Talents Gather One After Another and Grow Up! Awesome Insurance Agency Management

稲葉晴一

Seiichi Inaba

パノラボ

はじめに

保険代理店の経営者が決まって口にする悩みといえば、十中八九、「いい人がいない」ではないでしょうか。どういうことかと聞いてみると、「人が続かない」「すぐ辞める」「若い人が来ない」など、要するに会社として成長するために必要な人材の確保にいつも四苦八苦しているのです。

三年離職率が8割とも言われる保険業界は、ブラックな業界と見られる一面がありますが、年収数千万円を実現するスーパープレイヤーも活躍しています。華々しい成功者がいる一方で、保険業界とは生き残るのに難しく、厳しい業界なのでしょうか。だから人が続かず、保険代理店は常に人手不足に喘いでいるのでしょうか。

私は、それは違うと思います。

保険業界で働くことを厳しくし、人が続かないようにしてきたのは、業界自身だと私は思っています。
契約を獲得すればするだけコミッション・フィーがもらえることは、「とにかく稼ぎたい」と考えている人には、強力なインセンティブになるでしょう。

しかし、人はお金さえもらえれば、誰もが一生懸命働くものなのでしょうか。

特に「スマホさえあればいい」と言うほど物を欲しがらなくなった若い人たちの間では、「寝食を忘れて働けば2000万円、3000万円も夢じゃない」という保険業界のあり方が魅力的に見えない人が、ますます増えているのではないでしょうか。今までと変わらない考え方で人を集めようとする限り、保険業界で働きたいという人たちは、どんどん減り続けていくのではないかと思います。

これからの保険代理店が生き残るためには、**成果主義の考え方こそ、まず捨てなければならない**と私は考えています。たくさんの契約を取ってくる営業マンは、スタープレイヤーとして経営上も魅力的な存在に見えますが、実はこのようなビジネスモデルこそが、保険代理店の首を絞めているのです。

むしろこれからの保険代理店は、フルコミッションによる成果型とは真逆となる**一律型の報酬制度を導入する**ことこそが重要だと私は考えます。

「そんなばかな」と即座に思う方もいるでしょうが、これは可能です。現に私の経営する保険代理店・株式会社イナバプランニングカンパニーは、２０１３年に成果報酬型から一律報酬制度に変えて早10年が過ぎましたが、その間に従業員の定着率は向上し、組織は拡大しながら、売上と利益も右肩上がりに勢いを増しました。

それは「保険商品の販売と保障を通して顧客の人生を金銭面でサポートする」という保険の仕事を分業化し、会社＝チームとして業績を上げる集団へと移行することに成功したからです。

本書では、保険業界では当たり前すぎて問われることすらなかったフルコミッション型のビジネスモデルの限界を踏まえながら、新しい保険代理店の経営のあり方について論じます。

激しい競争で高い年収を実現したいと思う人よりも、周囲の役に立っていることを実感しながら、仕事とプライベートをきちんと区別した生活を送りたいと言う人が増えています。そんな人たちをメンバーに迎えながら、モチベーションを引き出し、業績へのコミットメントを引き出すのが経営者の役割なのです。

「このままの経営では、いずれ立ち行かなくなる」と感じている保険代理店の経営者の方々にとって、本書が経営改革の方向性を見出すきっかけとなれば幸いです。

稲葉晴一

目次

第 2 章

生き残る保険代理店に必要な業務の構造化

第4章 選ばれる保険代理店には「信頼」を生む仕組みがある

第5章 経営者が決意すれば、どんな代理店も変われる【コンサル事例集】

第 1 章

保険代理店の大淘汰時代が始まろうとしている

サステイナブルではない「保険代理店」というビジネス

今から20数年前、私が保険業界に飛び込んだ動機は、端的に言えば「金目当て」でした。「やればやっただけ稼げる」「20代で年収1000万円も夢じゃない」「2000万円にだって手が届く」――。

フルコミッションの成果主義に惹かれて、意気揚々と保険代理店の求人に応募したのです。

当時の日本社会は、年功序列・終身雇用という日本型経営が、多くの業界で大手を振っており、給料を上げるには、とにかく一つの会社に長年、勤め続けるしかありませんでした。若い私は「そんな悠長なことはやっていられない」と思い、保険営業で稼ぎまくってやろうと思ったのです。

もちろん、蓋を開けてみれば、そんな簡単な世界でないことはすぐにわかりました。仕事を覚え、契約を一つずつとっていく要領を覚えるのは、決してやさしいことではありませんでした。

高い年収を目指す思いが仕事の大きな原動力ではありましたが、同時に、保険という商品が顧客の人生にとっていかに大切なものであるのかも、さまざまな出会いを通して学ばせてもらいました。

とはいえ、私が保険業界に飛び込んだ当時、保険営業の人間の多くは**「売った者勝ち」**という思いで営業をしていたことは否めないでしょう。なかなか売ることができずに退場する人も多い業界ですが、一度売り方を覚えてしまえば、自分が出した結果に連動して収入が増えるフルコミッション制というルールは、売れる営業にはまたとない魅力です。


「なぜ保険を売るのか」「なぜこの商品を勧めるのか」「今目の前にいる人にとってベストな保険の選択肢は何か」そんなことを考えるよりも、とにかく売ることが正義。儲けるためですから、ハードなスケジュールも厭わず、パワフルにバリバリ働く保険営業は業界にたくさんいました。

保険会社や販売代理店に所属しながら、一匹狼のような仕事ぶりで千人を超える顧客を抱え、稼ぎまくる営業マンは、会社にとってもありがたく、称賛の対象でした。

かく言う私も、やがて好成績を上げられるようになり、MDRT(1927年に発足した、卓越した生命保険・金融プロフェッショナルの組織)のCOTは5回、保険営業の1%以下のみに与えられるTOTのタイトルも1回、登録を達成しています。

このように、保険業界は売る力に長けた営業マンが支えてきました。その営業マンを支えていたのが、フルコミッションという制度です。保険会社にとって、営業マンの価値とは、**「いくら売ったか」「何人に売ったか」の数字**だけ。実際、大手保険会社では、区切りごとに業績に貢献した社員(つまり、保険商品をもっともよく売った営業担当)が表彰され、称賛を浴びています。

こうして、「売った」という事実だけが承認されるのは、たくさん売ってくれる営業担当こそが、保険会社にとって、もっともありがたい存在だからです。

そこには、営業担当者と保険会社にWin-Winの関係があるといえるでしょう。彼らが保険会社の経営を支え、見返りとしてコミッション・フィーを受けとっているのです。

数名〜十数名くらいで構成されることが多い保険代理店では、なおさらこの傾向が強いのではないかと思います。売る力に長けた保険営業の担当者は「自分の数字のおかげでこの会社はもっている」と幅を利かせ、事務職などのサポート部門は、ひたすら裏方に徹している。

両者は互いの強みで互いの弱みを補い合ったり、それぞれの役割でシナジーを生み出す「チーム」の関係ではありません。

お金を稼ぐボスとその手足。

営業担当者は格下を従えるワンマンプレイヤーといった風情になってしまっているのです。

売上を上げている以上、経営者すら仕事の仕方に口を出すことができない、といった話は非常によく聞きます。

ただ、「保険商品を売る」というビジネスにおいて、もはやこのようなあり方は立ち行かない。そういう時代にいよいよ入ってきたと思います。

業界を維持していくには、若い人材が入ってきてくれることが不可欠ですが、今の保険業界に若い人材が積極的に入り、長く働き続けてくれるとは到底思えないからです。

仕事よりも家庭や私生活を大事にしたい若者たち

社会の高齢化やコロナ禍が示した新たなリスクの影響で、保険需要はさまざまな面から増えている側面がありますが、肝心の売り手については、若くて意欲のある人材が続々と参入し、未来の保険業界の担い手になってくれるほどに育つということは、少なくなっていくだろうと思います。

私たちの世代には「たくさん稼ぎたい」「いい服を着たい」「いい車に乗りたい」といった願望に駆り立てられながら、寝食を忘れて仕事に打ち込むことがありました。

将来手に入れたいもののために今は耐える、といった働き方は珍しくなく、そんななかで生き残った営業担当が高収入を実現し、次の若い世代の憧れの存在となっていったのです。

しかし、現代の若者はそうした傾向が弱く、今の自分のプライベート時間を充実させたいという気持ちが強いことは、巷でもよく言われています。

内閣府の調査「就労等に関する若者の意識」（『平成30年版　子供・若者白書』）によれば、16〜29歳の若者について、仕事の収入や安定性を重視する傾向は平成23年度と平成29年度を比較して9割程度が「とても重要」「まあ重要」のいずれかを選んでいて、さほど変わりありません。

これは当然といえば、当然かもしれませんが、「仕事と家庭・プライベート（私生活）とのバランス」についての意識を見ると、**「仕事よりも家庭・プライベート（私生活）を優先する」**と答えた若者は、平成23年度には52・9％だったのに対し平成29年度には63・7％と、**6年で1割近くも増加**しています。

それに伴い、「仕事中心なので家庭よりも仕事を優先する」と答えた人は、17・1％から12・7％に減少しています。

仕事と家庭・プライベート（私生活）とのバランス

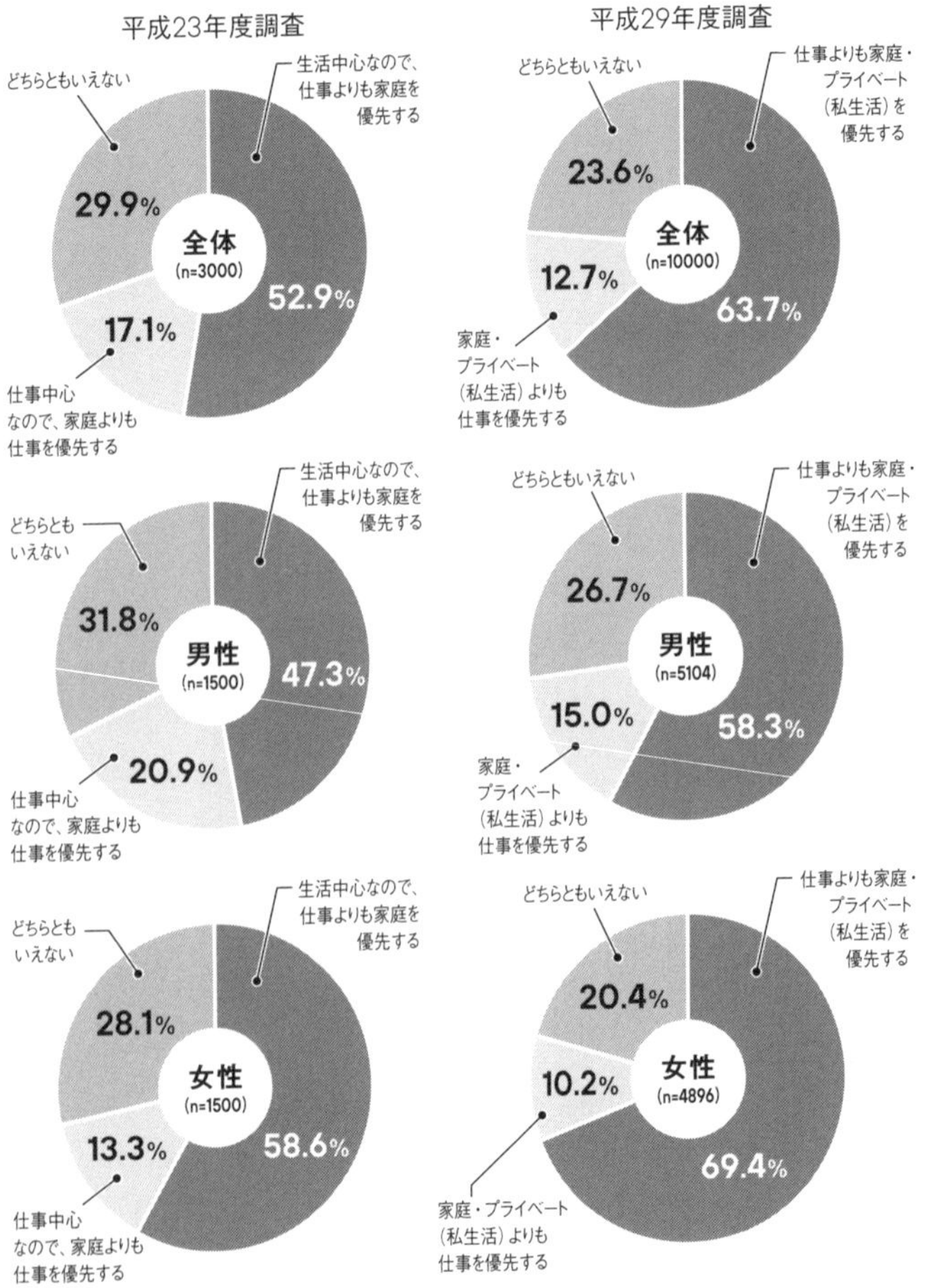

平成29年度調査：「あなたは、仕事と家庭・プライベート（私生活）のどちらを大切にしたいですか。」との問いに対する回答。
平成23年度調査：「あなたは、仕事と家庭のどちらを大切にしたいですか。また、その関係についてどう考えていますか。」との問いに対する回答。

仕事で安定した収入はもちろん望むものの、「そこまでして働きたくはない」と考える若者が増えてきているのです。「稼げるから」という理由でプライベートを犠牲にしてまで仕事に打ち込みたいという若手層が減ってきているなか、三年離職率が8割とも言われる保険業界は常に人手不足です。

営業ノルマをクリアできればそれなりの収入を手にすることはできますが、ノルマも厳しく、上司は毎日「契約をとってこい」ばかり。仕事のやり方を覚えても、「もっと売ってこい」といつもプレッシャーをかけられ、成果を出しても出さなくても、見られているのは数字だけ。

自分自身の価値が世の中に役立てているという気持ちがしないため、見切りをつけて人が離れていってしまうのです。

保険代理店が売っている保険商品とは、保険会社が提供している商品であり、内容は一律です。「誰から買っても変わらないもの」を売っているなかで、保険代理店は「誰から買うのか」を競い合っています。

となれば、「この人に相談したい」「この人から買いたい」という気持ちを顧客に持ってもらうことが重要なはずですが、果たして、新人にそのような教育をしている営業部署はあるでしょうか。「こんな世間話から、こんな導入を話し、不安を感じさせたら、Aさんのこの話をして……」と決まり切ったロールプレイのトークのほか、顧客の疑念や質問にも応酬話法を用意して、一つひとつ「ノー」を潰していき、契約せざるを得ない流れにもっていく、というフォーマットを叩き込んで繰り返させているやり方がほとんどではないでしょうか。

もちろん、その先には、一人ひとりの顧客に寄り添い、顧客にとってベストなプランを提示することで信頼関係を築き、一生のお付き合いに至るという展開もあり得ます。いざというときに心から感謝してもらえた時は、「この仕事をやっていてよかった」と誰もが思うはずです。

しかし、そのように本質的で長期的な視点に立って新人を教育することが難しいのも事実であるような気がします。日々の売上に追われるあまり、「そんな悠長なことはしていられない」となり、つい「とにかく売ってこい」という話になってしまうのです。

それで「人が足りない」「すぐ辞める」「いい人が来ない」とボヤいているとしたら、それは**起こるべくして起きている事態**とはいえないでしょうか。

「顧客が買いたいもの」より「代理店が売りたいもの」が先行

保険代理店が社会に提供している価値とはなんでしょうか。

そもそも、自分の保険代理店が社会に対してどのような価値を提供しているのかを真剣に考えたことのある保険代理店の経営者は少ないかもしれません。

とはいえ、かく言う私も、保険事業で起業した当初は、「とにかく自分は売りまくる。裏方の従業員には自分の手足となって事務をサポートしてもらおう。営業で採用した人には売り方を徹底的に叩き込んで、自分が教えた通りに動いてもらうようにしよう」と考えていたものです。

全員が自分のイメージ通りに動いてくれれば、売上は立つ。そんな考えで、事務なら事務、営業なら営業の「動き方」をマニュアル化し、金太郎飴のように画一化された動きを要求していたのです。

なぜなら、業績＝売上高を追い求めるならば、その体制がもっとも効果的だと思っていたからです。保険代理店の収益源は、いうまでもなく商品を販売した際に保険会社から得られるコミッション（販売手数料）です。それは商品ごとに設定されており、顧客からは見えません。

すると、販売の場面ではこのようなことが起こります。

例えば、保障内容も月額も似たような生命保険が、保険会社のA社とB社から出ていたとします。大まかな保障内容は同じですが、A社の商品はコミッション率が70％、B社の商品はコミッション率が50％という設定。保障内容の大枠は同じですが、細部を見ると異なっており、目の前で相談している相手の事情を考えると、実はB社の保険商品のほうが後々、助かる場面があるかもしれない……。

そんなとき、保険の営業マンはこう言います。

「A社のプランのほうがおすすめですよ」

なぜですか、と相手は当然、質問するでしょう。

しかし、売る側と買う側の間には、金融に関する知識も商品に関する知識も、大抵の場合、雲泥の差があります。「A社の商品が優れている理由」をもっともらしく説明することなど、慣れてしまえば難しいことではありません。

真実を偽って話せば嘘になりますが、**核心の部分を省略して言及しなければ、嘘をついたことにはならない**、というわけです。

こうして、相談相手はA社の保険に加入します。晴れて顧客となるわけですが、このような成約が顧客にとってベストな選択でないことはいうまでもありません。

しかし、フルコミッションというインセンティブの仕組みが保険営業をそのように導いてしまっているのです。なかにはコミッションが200%という商品もあり、業界にいる私でも驚きです。

つまり、**月額一万円の商品を販売すると、二万円分の報酬が売った本人に入ってくる**仕組みの商品があるのです。

保険のコミッションは一年目が高く、二年目からはぐっと下がり、10分の1程度にまでなる場合が少なくありません。しかし、その時点で解約されてしまうと、商品によって異なりますが、手数料の三割程度といった規模の金額を保険会社に返さなければなりません。

ただし、例えば「三年継続してもらえれば、解約されても返金の必要がなくなる」というように、顧客の継続期間が一定を過ぎれば解約金が発生しないルールになっています。

そこで、保険の営業は、契約した顧客が最低でもその期間までは継続してもらえるように、時々声をかけます。

保険の営業は、このように解約金が発生する期間に顧客が解約することを非常に嫌います。それは、いうまでもなく自分の顧客フォローが甘かったことが返金という「ペナルティ」として突き付けられるからです。

さらに、こうした解約が目立つと、保険代理店は金融機関や当局から、営業の品質が問われることもあります。「あそこの代理店は解約が多いが、おかしな売り方をしているのではないか?」と、いわば目を付けられてしまうのです。

ただ、解約金が発生しないタイミングになってから解約されることについては、毎月数百円の手数料収入がなくなるだけなので、さほどダメージには感じません。新規の契約を取り続ければ、簡単に穴埋めできる損失だからです。

顧客と保険代理店の間に横たわる深い溝

保険業界の人には、何も新しい話ではありませんが、あらためてこの話を素直な心で聞いたとき、「おかしい」とは思わないでしょうか。顧客の事情を踏まえて顧客に最適な選択肢を提示するのではなく、自分に最適な選択肢を提示することが当たり前になっているのです。

なかには、「自分は保険会社が設定したインセンティブどおりに動いているだけだ」と言う人もいるかもしれません。私が言いたいのは、誰が悪いということではなくて、そのような設計によって思考パターン、行動パターンが固定化されてしまっていることに疑問を持つべきではないか、ということです。

近年、会社はＣＳＲに基づいた経営でなければ、世の中からの信頼を容易に失う時代です。

ＣＳＲとは、Corporate Social Responsibility の略で、企業の社会的な責任のこと。企業は業績や出資者（株主）の利益ばかりを追求していればよいのではありません。従業員や地域社会といった事業に影響を受けるステークホルダー（利害関係者）すべてに対して誠実で公正な経営をし、環境にも配慮しながら持続可能な社会を作り上げ発展させることに貢献していることこそが、企業の価値と見なされる時代なのです。

「とにかく高いコミッションの商品を」という焼き畑農業のような販売のやり方や、その収益を当てにした経営のあり方は、やがて顧客から忌避され、立ち行かなくなるはずです。

さらに近年は、ＣＳＶ経営の重要性も注目されるようになってきました。ＣＳＶとは、Creating Shared Value のことで、「共有価値の創造」と訳されます。共有価値とは、社会に広く認められるような価値のこと。企業は事業を通して社会課題を解決し、そのうえで売上を獲得し、利益を得るというビジネススタイルでなければ、信頼されない時代に入っているのです。

保険というビジネスは、いざというときの安心を一人ひとりの事情や希望に合わせて提供するものであり、それ自体は社会にとって非常に価値があります。

しかし、その商品を売る人(代理店)が、できる限りの方法で顧客の課題を解決したいというスタンスでないのなら、それは社会にとって真に有益なあり方とはいえないでしょう。

「顧客のため」と言いながら、短期的な売上や利益のために、コミッションが少しでも高いほうを選ばせるというやり方は、顧客にはわからなくても、売る側にはわかります。

そんな仕事に心からの働きがいを感じることはできるでしょうか。「心の時代」とも言われる今、顧客の役に立つことができたと曇りもなく思える職場こそ、若い人にとって魅力的なはずです。

「顧客を騙している」という構造がある限り、そこに長く関わりたいと思う若者は少ないでしょう。だから、保険営業ならではの思考に染まる前に、新人はどんどん辞めていくのです。

保険代理店は進んで人を辞めさせている

保険代理店の経営者と話をすると、誰もが決まって「人が足りない」「すぐ辞めてしまう」「いい人がこない」と口にします。このような人手不足は、業界全体の悩みとも言えますが、一体その要因は、どこにあるのでしょうか。

もう少し具体的に見てみたいと思います。

人は承認されると喜びを感じる生き物です。自分の存在をそのまま認めてくれる人のことを慕うものです。

職場で言えば、「あなたは、あなたの個性を活かして仕事をしてほしい」と言われることが、もっとも喜ばしいメッセージといえるでしょう。

さらに、人は自分に可能性を感じることができている限り、その場に居続けるものでもあります。「この職場なら成長できる」「ここで学ぶことがまだある」と感じている限り、人は職場に留まります。

よく、「優秀な人から早く辞めていく」と言いますが、それは優秀な人ほど「この職場から学べることはもうない」という判断を早く下すことが多いからです。

優秀な人に居続けて欲しいなら、経営者は成長の実感と、さらなる成長の機会を提供し続けなければならないのです。

それを踏まえて次のデータを見ると、多くの保険代理店で「人が続かない」と経営者が嘆くのがよくわかります。これは私の会社で独自に行った人事評価と離職理由に関するアンケート結果です。

「過去に勤めていた保険代理店の人事評価制度に対して、不満がありましたか」という問に対しては、「非常にあった」「ややあった」を合わせると、63％にものぼりました。人事制度に不満があるということは、「自分は正しく評価されていない」と感じて

あなたは、過去に勤めていた保険代理店の
人事評価制度に対して、不満はありましたか。

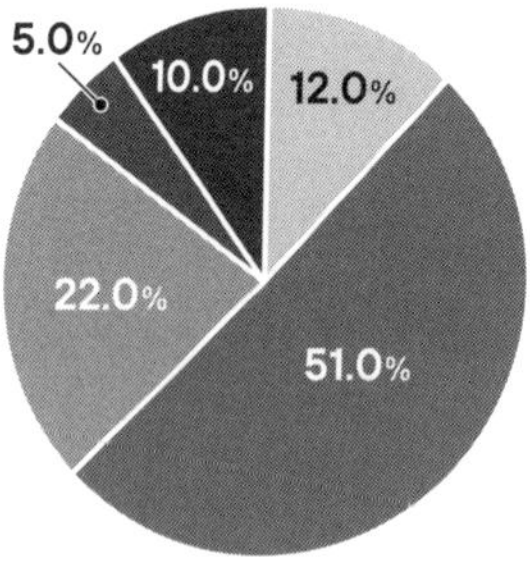

12.0%　非常にあった
51.0%　ややあった
22.0%　あまりなかった
5.0%　全くなかった
10.0%　わからない／答えられない

保険代理店の離職に関する実態調査（n=100）

「非常にあった」「ややあった」と回答した方にお聞きします。
あなたが感じていた人事制度に対する不満について、
当てはまるものをすべて教えてください。（複数回答）

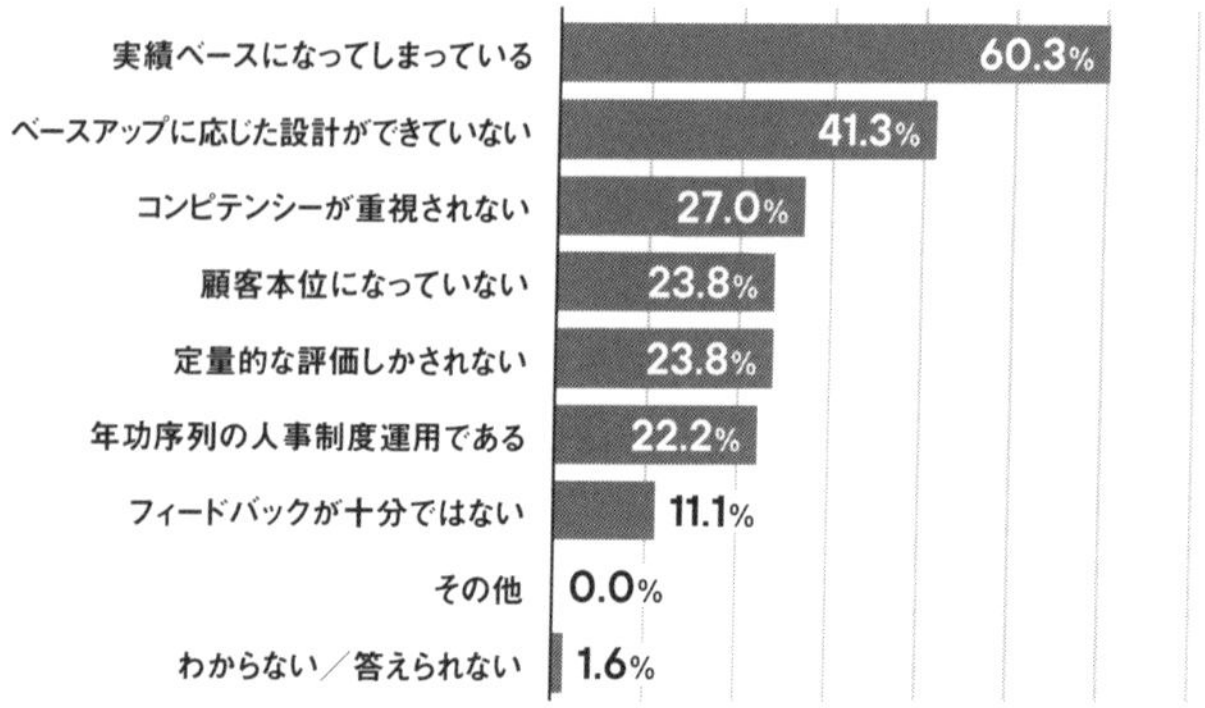

保険代理店の離職に関する実態調査（n=63）

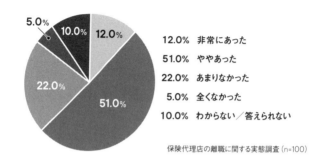

いるということです。
そこには「会社のためにこんなに頑張っているのに、会社は見ていない」「自分の強みや個性を見てくれない。それを活かす場が与えられない」「納得できない人が評価されている」といった気持ちが背景にあることが想像されます。

そこを尋ねてみたのが、先の質問で「非常にあった」「ややあった」と回答した人に対する「あなたが感じていた人事制度に対する不満について、当てはまるものをすべて教えてください（複数回答）」という質問です。「実績ベースになってしまっている」と感じていた人は6割にものぼり、「顧客本位になっていない」と答えた人は2割います。ここには、コミッション重視の売り方に疑念を抱いている様子が伺えます。

また、「ベースアップに応じた設計ができていない」が4割、「コンピテンシーが重視されない」が約3割、「定量的な評価しかされない」が2割以上となっています。コンピテンシーとは、好業績を上げている人材に共通してみられる行動特性のこと。つまり、コンピテンシーを意識して行動している点を評価することは、業績を上げようと努力している姿勢を評価することでもあります。

しかし、経営側がそうした従業員の心がけを軽視し、売上や利益といったごく単純な数字しか見ていないこと、仕事の質を上げようと励んでいること、業績に直結する行動以外の部分における職場への貢献が認めてもらえていないことへの不満が離職につながったわけです。


逆に、「年功序列の人事制度運用である」が不満だった人が2割いたというのは、自分が売り上げた分に比べて給与が低かったことへの不満でしょう。「自分よりも売上が低い人が、どうして社歴が長いだけであんなにもらっているのか」というのも、営業担当者には、不満になるのです。「自分がこの代理店に売上を持ってきている」というプライドがあるからです。

ただ、そのような不満に応えるために、売上至上の成果主義をさらに強化すれば、その職場は組織としては、やがて崩壊するでしょう。代理店を経営するための経費はどうしても必要ですから、従業員の給料にさらに差をつけなければならず、十分な営業の戦力や事務方を確保できなくなってしまうからです。

ともあれ、このアンケート結果から俯瞰的に言えることは、保険業界では、営業担当者の原動力だったはずの**コミッション連動型の報酬制度が、かえって人離れを起こしている**のではないか、ということです。

顧客のメリットよりも売上を重視する姿勢が経営に対する不信感となって、職場に愛着が持てない。自分の強みや個性を活かす機会もない。そんなものを見ようとする姿勢がそもそもない。

そのような職場にいたら、若い人が「ここにいて、何か意味ある？」と思って辞めていくのも無理はないでしょう。こうして人が育てる仕組みをもたないままに、保険代理店の経営者は「この仕事が性に合っている！」と感じて頑張ってくれる人材をただ求め続けているのです。

お金の殖やし方、資産の築き方を知らず、時間をかけることの大切さもわからずに宝くじを買い続けて、「高額当選でお金持ちになりたい」と言っている人がいたら、保険営業の人間なら誰しも「もっと賢くて効果的な方法がありますよ」と言うでしょう。

しかし、人材に関しては、そのような発想にはならないのです。

スター営業はスターゆえにやり方を変えられない

結局、売る力を持っているベテラン営業に頼らざるを得ませんから、彼らが辞めていかないように自由にやらせ、時にわがままも認めざるを得ないような職場環境になってしまいます。

若手が続かないので、従業員は高齢化。ベテラン営業が一人辞めるだけで屋台骨が危うくなるような保険代理店は、数人から十数人規模であれば、決して珍しくありません。

稼ぎ頭の営業担当者も高齢化していきます。彼らは、それぞれ自分なりの結果の出し方を習得しており、基本的にはそのやり方を繰り返しながら売上を獲得していくものです。

営業のやり方にも種類がありますが、自分の性格に合ったやり方で人と会い、種を蒔き、収穫をしていくわけですから、そう簡単に**変えることはできません**。ましてや、そのやり方で大きな成果を上げてきたのですから、なおのことです。

若い頃のように馬力が効くものでもありませんから、仕事を覚えた頃に比べれば、どうしても「流しながら対応する」割合は増えていかざるを得ません。保険の営業は、顧客を抱え続ける限りできる一生の仕事とも言われますが、その内容は、それまでに身につけたやり方の繰り返しなのです。

しかし、社会保障制度は世の中の情勢によって大きく変わるときもあれば、細かく変わることもあります。それによって保険商品の内容にも変更が入ることもあれば、新しい商品が誕生することもあります。貯蓄保険であれば、為替相場のトレンドが変化することによって、有利な商品、不利な商品が変わってくるでしょう。

それらは当然、5年後、10年後のライフプランの実現にも影響してきます。必要であれば、顧客にそのことを説明し、もっとも効果的な商品を勧めなおす必要があります。

もしも、顧客の利益を最大化することを保険営業の使命ととらえているならば。

しかし、そうした**情報のアップデートを日々欠かさず、こまめに顧客とコンタクト**

をとっている超ベテランの営業担当者が果たしてどれほどいるでしょうか。保険販売はストックビジネスですから、顧客を多数確保しておくことができれば、あとはその顧客を維持しているだけでも安定的な収入が期待できます。

それまでに獲得した数百人、あるいは千人超といった顧客の維持管理をしながら、あとはリピートや口コミで契約を取っていくだけでも十分やっていけるわけです。

ただ、そのようなやり方で、毎年リリースされる新しい保険商品について知識をアップデートしながら、投資性のある商品については国内経済、世界経済の情勢も踏まえて購入をアドバイスできるかといえば、難しいのではないかと思います。

70代、80代で現役の営業マンもたくさんいますが、若者と世代が離れれば離れるほど、人生観やライフプランに対する考え方も違っていて当然です。若い世代の意識についても謙虚に学ぶ姿勢をいつまでも維持できるかと言えば、これも難しいでしょう。

「GNPで売る」時代は終わろうとしている

保険商品とは、保険数理に基づいて計算された複雑な金融商品です。しかし、その内実すべてを営業担当が理解したうえで販売していることは、むしろ少ないと言ってもよいかもしれません。

それでも顧客にどんなメリットがあり、どんなリスクがあるのかはきちんと把握し、平明に伝えながら営業することがプロとしてあるべき姿といえますが、そのレベルですら理解が不十分なまま販売されてきたという実態がありました。国内大手の生命保険に所属するベテランセールスレディなどは、地域のネットワークをフル活用し、顧客側の「つきあい」や、近所の人間関係で波風を立てたくない気持ちを利用して営業実績を重ねてきた歴史があったように思います。

解約されないように、新たな契約を結んでもらえるように、誕生日にちょっとしたプレゼントを贈るなどして、引き留めを図っている話もよく聞きます。

このように保険業界は、かつては**GNP、つまり義理・人情・プレゼント**で営業が成り立っていたと言われていました。

現在は、顧客に特別な利益を提供する販売実態は問題視され、保険商品そのものの比較推奨をゆがめる行為として、こうした営業は禁止されています。とはいえ、それは建前であって、いまだGNP頼みの営業をしている人は少なくないはずです。実際、経営者や富裕層といった〝上客〟とゴルフに行って関係を維持するというやり方は、未だに健在です。

ただ、そのようにGNPありきのビジネスのやり方を「価値」と感じる若者が現代にどれだけいるかは、疑問です。上昇志向の若者が多かったひと昔前であれば、ちょっと背伸びしたプレゼントをもらうとか、ゴルフをしながらビジネスを語るといったこと自体にときめいた人も多かったわけですが、今の時代はそうでもありません。

20代、30代の若者が、親以上に歳の離れた営業マンからそのようなやり方、売り方でアプローチされたら、むしろ戸惑い、敬遠してしまうでしょう。それどころか、**不審に思う**可能性もあります。

だからといって、今の若い世代に訴える新しいやり方を覚えることも難しい。となれば、ベテラン営業マンが業界から退場していくにつれ、新しく保険を考えたい人の数に対して効果的に保険を売れる人の数の割合は、どんどん少なくなっていくのです。

金融庁が金融事業者に求めるのは透明なビジネス

率直に言えば、保険業界とはこんな風に、売る側にも買う側にも時代に合わないやり方を押しつけている側面があることは否めません。特に保険商品ごとの販売手数料＝営業担当の利益が隠された状態で顧客が商品を買わされているという点は、業界のルール上、許されているとはいえ、顧客本位からはほど遠い姿勢だといえます。

先ほども触れたように、コミッションが２００％超という保険商品も実在します。顧客がそのことを事前に知っていたら、そんな商品を買いたいと思うでしょうか。

自分が支払ったお金の倍額が目の前の営業マンの懐に流れ込むのだと知ったら、バカバカしくなってしまうはずです。今までは、それにもっともらしい理由を付けて購入を勧めてきたわけですが、近い将来、そんな情報格差によって**顧客が不利を強いられる状況は排除される日がくる**だろう、という危機感を保険業界は持つべきでしょう。

というのも、金融庁は２０１７年3月30日、保険業界を含む金融事業者に対して、

顧客本位の業務運営に関する原則

顧客本位の業務運営に関する方針の策定・公表等	原則1 金融事業者は、顧客本位の業務運営を実現するための明確な方針を策定・公表するとともに、当該方針に係る取組状況を定期的に公表すべきである。当該方針は、より良い業務運営を実現するため、定期的に見直されるべきである。
顧客の最善の利益の追求	原則2 金融事業者は、高度の専門性と職業倫理を保持し、顧客に対して誠実・公正に業務を行い、顧客の最善の利益を図るべきである。金融事業者は、こうした業務運営が企業文化として定着するよう努めるべきである。
利益相反の適切な管理	原則3 金融事業者は、取引における顧客との利益相反の可能性について正確に把握し、利益相反の可能性がある場合には、当該利益相反を適切に管理すべきである。金融事業者は、そのための具体的な対応方針をあらかじめ策定すべきである。
手数料等の明確化	原則4 金融事業者は、名目を問わず、顧客が負担する手数料その他の費用の詳細を、当該手数料等がどのようなサービスの対価に関するものかを含め、顧客が理解できるよう情報提供すべきである。
重要な情報の分かりやすい提供	原則5 金融事業者は、顧客との情報の非対称性があることを踏まえ、上記原則4に示された事項のほか、金融商品・サービスの販売・推奨等に係る重要な情報を顧客が理解できるようわかりやすく提供すべきである。
顧客にふさわしいサービスの提供	原則6 金融事業者は、顧客の資産状況、取引経験、知識及び取引目的・ニーズを把握し、当該顧客にふさわしい金融商品・サービスの組成、販売・推奨等を行うべきである。

「顧客本位の業務運営に関する原則」という方針を発表し（2021年1月15日改定）、金融商品の販売、助言、商品開発、資産管理、運用を行う事業者としての望ましいあり方を示したからです。

金融業界では周知の事実ですが、重要なのでここに記しておきます。

この中でもっとも注目すべきは原則4、「手数料等の明確化」です。要するに、「金融商品を販売するときは、手数料がいくらなのかを明確に顧客に示すように」と金融庁は言っているのです。

さらに、原則5において、手数料以外でも金融事業者と顧客の間には、商品知識、専門知識などの面で格差があるので、十分にわかりやすく説明して販売するように、と注意されています。

金融庁がここで示しているのは、**ルール（決まり）ではなく、プリンシパル（原則）**です。「守っていればOK」「違反していないから問題ない」という規則ではなく、金融事業者としてのあるべき精神が記されています。

つまり、「このような考え方で、日々の業務を実践することが望ましい」と促されているわけです。そして、もしも金融庁のこうした方針を採用しないのであれば、「そうしない理由」を十分に説明する必要があることも求められています。

とはいえ、まだこれは「原則」ですから、必ずしもすべてに従わなければいけないわけではありません。発表されたのが6年前、改訂されて2年ですから、金融庁は現在、この原則に対してそれぞれの金融業界がどのように対応していくのか、様子を見ている段階です。

ただ、このような方針が後退して、「やっぱり、手数料の情報は顧客に対して明確にしなくても構わない」となることは考えられません。むしろ現在は過渡期であり、金融庁は、業界がそれぞれのやり方でこの原則に対応していくのに任せている状態です。

こうした指針は大手業者が率先して対応していきます。それによって業界全体にトレンドが生まれ、準備ができたところで明確なルールとして法制化する。こうすれば、いきなり法律にするよりは、はるかに金融業界にショックや混乱が起きにくいわけです。

つまり、数年先というごく近い将来、**「保険商品はコミッションを顧客に明示して販売すること」という指針**は、法律となる可能性が決して低くはないのです。

手数料開示で保険代理店は4割が潰れる⁉

販売手数料が開示されれば、保険商品を検討する顧客の反応は一変します。それまで保険商品に対して顧客が感じる「価値」とは、「誰から買ったか」という納得感や安心感と、その商品が約束する金額的なメリットの二つでした。

ここに**「目の前の営業が手数料をいくら取っているのか」**という情報が加味されれば、保険商品を勧めてくる相手の印象も大きく変わってしまう可能性があります。

たとえGNPに余念がなくとも、「この人は手数料が欲しくて、そうしているんだ」と思われてしまえば、顧客の心は間違いなく離れていくでしょう。

つまり、「この保険営業と付き合うことに、**コミッション分の価値を感じない**」という判定が下されてしまえば、いかにそれまでたくさん売り上げてきた営業マンでも、潮が引くように顧客を失うことは十分に考えられるのです。200%超のコミッションが発生する商品などもってのほか。

その情報を堂々と開示して販売できる人がいたとしたら、よほど強固な信頼関係を作ることに長けているか、まったくの無神経かのどちらかであるように思います。そのような商品はあり得ないものとして、淘汰されていくかもしれません。保険販売が顧客の利益よりもコミッション優先で構築されていることが知れ渡れば、保険というビジネスそのものに対する不信感が一気に広まってしまうかもしれないからです。

手数料の開示がルール化されれば、日本の保険業界は一気に崩落の危機を迎える可能性もあるのです。「この保険営業マンは、これだけのコミッションを受け取る資格がある」と、顧客が合意しなければ、保険商品は売ることができなくなってしまうからです。

コミッション開示には先行事例があり、アメリカでは2011年1月から、ニューヨーク州で保険仲介者の手数料開示が法制化されました。ニューヨーク州は経済・金融の中心地として、保険会社の多くが本店を置く地域です。

また、イギリスでも2012年から、コミッションを含む顧客が支払うコストの開示が、金融商品の販売業者に義務づけられることになりました。

その結果、何が起きたかというと、**アメリカやイギリスでは約4割の保険代理店が潰れた**といわれています。4割の保険代理店は「コミッションの価値に見合う仕事をしている」という評価を消費者から受けることができなかったのです。

日本でも、コミッション開示の一律的な義務づけは、2012～2013年にかけて、金融庁の金融審議会でも議論され、見送られた経緯があります。

ただし、それは改正保険業法において、意向把握義務や適切な比較推奨販売等の制度が導入されたことと、ある意味で引き換えです。「コミッションを開示しなくても、業界が顧客に不利益のないように誠実なビジネスをするならばそれは見送る」という条件付きの見送りだったわけです。

先ほど述べたように、こうした政府と業界との押し引きは、移行期間だからこそ生じていること。日本の保険業界は年間50兆円規模とGDPの約10％を占める巨大市場ですから、行政側も、大ショックを与えて市場に混乱を招きたくはありません。

ただ、コミッション開示が欧米の保険業界で広まりつつあるのなら、日本の保険業界もそれにならう日がくるのは時間の問題でしょう。

そのとき、顧客に対して、**保険代理店はどのような「価値」を提示できるのか**。コミッションを正当に受け取るにふさわしい保険代理店として、顧客にどのような姿を見せられるのか。

それができなければ、潰れるだけです。

コミッション優先ではなく顧客優先で、それでも結果として業績も利益も伸び続けるサスティナブルな保険代理店となるには、これまでの古い売り上げ方を根本的に変えていく必要があります。組織を一つのチームとし、チームで一人の顧客に関わっていくことで、業績を確保していく必要があるのです。

当然、フルコミッションに基づく報酬制度は立ち行かなくなります。それでも業績を伸ばす保険代理店こそが、この先の5年後、10年後も生き残っていくのだと思います。

次章では、これからの時代に生き残り、成長する保険代理店のあるべき姿について見ていきたいと思います。

第2章

生き残る保険代理店に必要な業務の構造化

こんな保険代理店は嫌だ！

これからの時代、顧客に信頼され、従業員にも信頼されるサスティナブルな保険代理店づくりを考えるにあたり、まずは「こんな保険代理店は嫌だ！」という指摘をしてみたいと思います。

フルコミッション制度に基づく売上至上主義の世界であり得たやり方は、これからますます通用しなくなります。そういう私も、自分が経営する保険代理店がこれから話す「嫌だ」の内容をすべてクリアしているとはもちろん思っていませんが、自戒の念も込めつつ、自分のことは一度、棚に上げさせていただき、俯瞰的な視点から述べさせていただきます。

「成果」の定義が売上と利益しかない

従業員を評価する視点が売上、利益といった直接業績に関わるものしかないのは、人が育つ・人が辞めない保険代理店のあり方とは、真逆のスタンスです。営業担当者が結果を出しているのは、裏方のサポートがあってのことであり、それも含めてオフィスのインフラを活用できてのこと、という側面もあるはずだからです。

お金を顧客から直接もってくる営業担当が幅を利かせるのは、どの業界でも似たようなものですが、こと保険業界ではその傾向が強くあります。売っている営業担当が**「私がお前たちを喰わせている」**という意識でいれば、職場の仲間への態度もぞんざいになり、不満が募る原因となります。無意味なヒエラルキーは頂点にいる人以外にはストレスでしかありません。

その営業担当以外の従業員のモチベーションは低下し、「この職場に通う意味」を見失わせることになってしまいます。

直接の業績以外で組織に貢献している人がいてこそ、売れる営業も気兼ねなく自分の強みである「売る」に特化して活動できるというもの。お互いの仕事への素直な承認や感謝がない環境では、特に報酬よりも「周りの役に立っているか」を気にするといわれる若い世代には魅力的な職場とは思われないでしょう。

テイカーが蔓延っている

このような職場では「売上こそ正義」。特に営業担当は、自分の数字を伸ばすためなら何をしてもかまわない、という思考になりがちです。

例えば、職場の人間関係を犠牲にし、協力関係にヒビを入れたとしても、自分の成績を上げたい。そんなテイカー（taker）が蔓延るようになってしまいます。

テイカーとは、物事を常に**「獲るか、獲られるか」**で考えるタイプの人。人を犠牲にしてでも自分は利益を得たい。人が利益を得ているところを見ると、自分の利益が横取りされたような気がして、悔しくなる。そんな思考回路を持っています。

ギバー（giver）のタイプの人のように、「まずは人に与える（譲る）」といったことができないのです。

ギバーは人間関係を**「与えるか、与えられるか」**という風に考えます。いつも相手に「してあげよう」と与えることを考える。なぜなら、自分にも与えてくれる人がいるから。

　このように考える人たちなので、協力関係が生まれやすく、足を引っ張り合うような競争は起こりません。むしろ、大きな目標に向かって貢献し合う共創関係が生まれやすくなります。

　ただ、職場にテイカーばかりがいると、ギバーは利用されるばかりで疲弊していき、やがて去っていくことになります。

　顧客の真の利益よりも自分のコミッション額を優先する保険営業は、まさにテイカー。いかに売る力を持っていたとしても、そのような行動パターンの人が大手を振ることを許している職場は、「奪い合い」という結果の出し方を認めていることになります。

　周囲への貢献意識の強い人ほど、そんな空気の仕事環境には近づきたいと思わないでしょう。当然、組織としての成功は遠くなります。

管理統制で人を動かそうとしている

顧客への声のかけ方から売り方、フォローアップの仕方、事務スタッフのサポートタスクなど、あらゆる業務がマニュアル化され、それができているかどうかでしか人を評価しない職場もまた、従業員のモチベーションを刺激しません。

経営者や管理職は、誰もが同じ動き方をすることで効率が上がり、物事がスピーディに進むと考えがちですが、従業員は**「上司の言う通りに動くのがベスト」**という学習をしてしまうため、自ら動いて問題に対処することがなくなります。つまり、組織として新しい事態に対応することができません。

すべてを管理され、考えて動くと「余計なこと」としてマイナス評価をされるので、「気を利かせるよりも、動かないほうが得」という思考になっていくのです。

もちろん隣の席のメンバーが困っていても、助けることはありません。なぜならそれは「自分の仕事ではない」からです。

チームを組んで助け合っていた者同士も、チームが変われば協力関係がなくなる。チームの垣根を越えて助け合うことは、与えられたタスクリストに含まれていないからです。

組織全体で見れば、このような振る舞い方は、スムーズな連携を疎外する要因でしかありません。そして経営者は決まって、「うちの社員には、考えて動くヤツがいない」と嘆きます。

「自分で考えることは悪いことだ」と社員に教え込んでしまったのは、経営者自身なのですが……。

このような組織では、メンバーがそれぞれの関心や才能を活かして成長する可能性が強く制限されています。組織とは人と人とを組み合わせて、1＋1を3にも4にもすることができる場ですが、部下を管理統制することがマネジメントだと思っている経営者は、業績に関する数字の上下でしか部下を見る視点がありません。

そんな経営者の下では、人それぞれのさまざまな特性による相乗効果による組織の成長などは、望めないでしょう。

とにかく承認プロセスが多い

前項にも関係しますが、何をするにもとにかく承認プロセスが多いという組織も、従業員のモチベーションを奪います。仕事で必要な文房具や備品を購入したいだけなのに、いちいち書類を提出して会社の決裁を得る必要がある。有給休暇をとるのでも、細かい申請が面倒で、OKがなかなか出ない。メールを顧客に送る際も、上司があらかじめ文面をチェックしてから先に進ませる……。

経営側としては、社員の動向を把握したい、ミスや事故を防ぎたいという思いからの対応かもしれませんが、会社のこうした態度から従業員が受ける印象は「自分は大人扱いされていない」。つまり、「私は信頼されていない」です。

服務規程が細かく、上司がその違反にいつも目を光らせていたり、正当な理由がないのに直行や直帰やテレワークを許さなかったり、というのも同様です。

なぜ許さないのかの理由をきちんと説明できればよいですが、たいていの場合、その根っこにあるものは、「なんとなく不安だから」という単なる気分なのではないでしょうか。

もちろん、なかには「コンプライアンス（法令遵守）のために必要」というルールもあるでしょう。しかし、精査したとき、真に必要と断言できるルールがどれほどあるといえるでしょうか。

例えば、業務に必要な数万円の買い物を社員の判断に委ねたとして、どれほど致命的な問題が起こりうるというのでしょう。それを防ぐためにチェック機構を設け、いちいち承認プロセスを繰り返しているほうが、よほど非効率的で機会損失を生むのではないでしょうか。

もし、重複や不要な購入でコスト増が発生することを回避したいなら、会社の支出をすべてオープンにしてしまえばよいだけです。誰が何を買ったのか、会社はどこにお金を使っているのかを透明化してしまえば、全員の監視が働くため、ヘンなお金の使い方は自然と消えていきます。

もちろん、経営者の支出もすべて透明にする必要があります。

ただ、そのことを想像したとたん、「使える経費が減ってしまう」と身構えてしまう経営者もいるかもしれません。その感情こそ「無駄な支出をしている」と潜在的に感じている動かぬ証拠なのですが、そこで多くの経営者は、自分が腹を探られるくらいなら、社員をルールで縛ったほうがラクだ、と考えてしまうわけです。

結果、「自分の手の内は隠して、相手をコントロールしたい」という意識の有り様が、会社の有り様となってしまっているわけです。

私の会社もあるとき私の支出も含め、経費の内訳を社内で透明化したところ、互いのチェックが働いて、自然とコスト削減が実現していきました。経営者の中には「ゴルフの会員権や接待費などの必要性は、従業員にはわからない」という人もいるかもしれません。経営者と従業員では、経費の使い方の次元が違う部分が確かにあるからです。

しかし、「社長、この支出は本当に必要なのですか？」と従業員に聞かれたとき、その支出が売上に繋がっている（繋げようとしている）ことを十分に説明できれば、従業員は納得してくれます。

うまく説明できないものは売上に貢献していない支出ですから、削っていけばよい。従業員同士でも、このようなやり取りが生まれるようにすれば、いちいち承認プロセスを設ける必要はなくなっていくのです。

有休の取得についても、社労士のサポートを受けつつ、残り日数を本人に明確に伝え、「自由にとってよい」と承認プロセスを廃止したところ、上司が部下の有休を管理する必要がなくなりました。本人が自分で仕事を管理して、「休んでも大丈夫な状態」を作り出して休むようになったのです。

上司に伝えるだけでなく、自分が休むことで影響を受けるメンバーにも事前に周知して休むようになり、誰も有休を取った人に対して「こんな忙しい時に休むなんて」とネガティブな感情を持つ人はいなくなりました。

逆に、旅行や帰省などで休んだメンバーには、次に出社したときに「おかえり」と声をかけ、和気藹々と休暇中の出来事を話題にするような関係になりました。

社員が何かをするとき、いちいち上司の許可が必要という組織は、「お前の判断は信用していない」と言っているのと同じです。何か疑問や滞りがあるのなら、話し合って確認すればいいのであって、ルールを押しつけることは、長い目でみれば非効率的です。メンバーのやる気を減らし、職場への愛着を失わせ、総合的なパフォーマンスを低下させるからです。

困って相談に行くと「自分で考えろ！」と突き放される

そんなルールが多い会社にありがちなのが、仕事で困った部下が相談に行くと「そんなことは自分で考えろ！」と上司や経営者から突き放されるシーンです。ルールで行動することを求め、自分で考えるほうが損をすると学習させておきながら、新しい事態に創意工夫を求める。臨機応変さを要求する。

明らかに矛盾した態度ですが、経営者はその矛盾に気がついていません。

「うちの社員は自分で考えることをしない」「経営者目線がない」「成長意欲がない」「チャレンジをしない」などと愚痴をこぼす経営者をよく見かけます。しかし、育てたように社員が育っただけのことなのです。

こういう職場では、助け合いというものも生まれにくくなっています。経営者としては、互いの仕事の領域を少しずつはみ出し合うことで補い合い、チームワークを発揮させてほしいと思っていることでしょう。

しかし、ルール先行型の組織では、隣の人が困っていても、歩み寄って助けることは「自分の仕事ではない」となり、行動しないことが選択されます。余計な事はしないほうが安全だからです。

こうした職場で従業員が一番気にかけているのは、「自分がルールを破らないこと」「上司に叱られないこと」であって、「会社の目標を達成すること」ではありません。行動の動機は働く喜びや、顧客と仲間の役に立てる喜びではなく、上手くやり過ごすことなのです。

上司に質問をするのは、そうすることで有益な何かがあるはずと、相手を信頼しているからです。その信頼を「自分で考えろ」で突き放せば、相手に失望し、頼ることはなくなります。

新しいことにチャレンジするときは、必ず上位職のサポートが必要ですが、それが期待できないとなれば、わざわざ危険を冒す人はいません。当然、成長など期待できなくなるでしょう。

こうして従業員は、「もっともエネルギーを消費しないやり方で給料をもらう方法」を身につけるだけになっていくのです。

上司が「わかる」よりも「わからせよう」とする

仕事の目標達成、将来のキャリア形成などをサポートするために、上司は部下と個人面談（1on1）をすることがあります。1on1を通して、上司は部下が仕事に対してどんな考えを持っているのか、今何に取り組んでいるのか、将来どうしていきたいのかなどを知ることで、上司としての仕事を適切に遂行することができるようになります。

つまり、部下が組織の一員として成果を出し、個人として成長することの支援です。ということは、1 on 1において上司がまず行うべきは、部下の状況を把握すること。部下の考え、仕事の負荷状況、必要な支援などについて、とにかくヒアリングすることが欠かせません。

つまり1 on 1では、本来、経営者や上司が**従業員や部下の聞き役に徹するべき**なのです。

ところが、多くの上司は成果を出せない部下を追及し、次のタスクを次々に与えるための場に1 on 1をしてしまっています。

「目標が達成できないじゃないか」「どうしてできないと思う?」「だからお前はダメなんだ」「お前にはこういうところが足りない」「次からはこうしろ」などと、自分の視点から部下を決めつけて、自分が正しいと思う考え方とやり方を押しつけてしまいます。

しかし、そのやり方は多くの場合、その上司の性格と個性だから結果につながったパターンであって、目の前の部下にも通用するとは限りません。

しかし、上司は「立場が上の人間に従うべき」「数字を出すことが何よりも正しい」といった思考に凝り固まっているため、自分は部下より正しいと信じて疑わず、「わからせよう」との意図から、あれこれと説いてしまうのです。

上司の話す時間のほうが長い1 on 1は、部下のパフォーマンスを高めるための面談としては有効ではありません。自分の気持ちや個性を無視して「ああしろ」「こうしろ」と言われたら、部下はただやる気をなくすだけです。

「上司に叱られないために頑張る」などという仕事への動機は、やりがいを感じる役割や目標を与えられたことによる動機に比べれば、たき火の前の細いろうそくの炎のようなものです。面談をする度に部下にダメ出ししたり、思い通りに動かそうとしたりする経営者や上司が幅を利かせているような職場では、やはり長く勤めたいという人はいないでしょう。

成長の意欲も湧きませんから、そうした組織で従業員が頼もしい戦力として育つようなこともありません。

欠点を見つけようとして部下に貼りつく

面談でひたすらダメ出しをするような上司がやってしまいがちなのが、成績が思わしくない営業担当に対し、「今日は一日、お前の仕事ぶりを見せてもらう」などと言って外回りや顧客とのアポイントなどの現場に同行すること。成果が出ない理由を見つけて改善に導いてやろうという意図はわかりますが、これは最悪です。

上司のこのような行動から部下が受け取るメッセージは「お前の悪い所を見つけてやる」。部下からすれば、自分を考えて行動できる大人として扱っていないことになりますから、こんな扱いを受ければ、上司には不信感しか抱きません。

上司は部下を育てようとして、このように振る舞うわけですが、まるで逆効果です。

もちろん、仕事の手順を覚える段階では、ツールの使い方や社内外のコミュニケーションのやり方などを手取り足取り教えていく必要があります。

しかし、ひと通り学んだら、あとは許される枠内で自分の考えに従っていろいろと試行錯誤をしていくことができなければ、その人なりに強みを活かして仕事をする経験を積むことができません。意見を求められたときに初めて上司が協力するくらいの関係が理想です。

すると、部下は自分なりに試行錯誤をしながら、自分の成功パターンを見つけ出していくことができます。人間は、誰と仕事をするのかで成長の度合いが大きく変わるのです。

現場にまでついてきて一挙手一投足に点数をつけたがるような上司と仕事をしても、その人は成長の機会をほとんど得られないのではないかと思います。「この職場で自分は成長している」という実感を抱くことができなければ、そこにいる意味を感じることもなく、やがて辞めていく結果になるわけです。

上司が部下の悪口を言う

こうした上司のさらに悪いところは、部下の現場に同行して帰社するやいなや、馬の合う他の部下を捕まえて「アイツはダメだ！」などと大声でグチを言うこと。上司の責任とは部下に結果を出させることであり、部下がダメだとしたら、それは上司がダメなのだということを理解していません。

しかも、部下に対して「自分は気に入らない部下の悪口を言う人間です」と自己紹介をしてしまっています。こんな話を聞かされた部下は、たとえその上司に気に入られていたとしても「自分のことも、どこかで悪く言われているのかもしれない」と不信感を持ちます。

「この人には、自分の大事な考えや思いを話すことはできない」と判断し、心を閉ざすでしょう。そんな人の下で全力で働きたいと思う人はいません。

信頼で結ばれたチームは強固ですが、互いに不信のまなざしを向けあう組織はチームとは呼べません。その一員であるという喜びなどありませんから、「ここでベストを尽くそう」と考えるメンバーもいません。当然「よりよい組織にしたい」といった思いもありませんし、愛着もありませんから、**簡単に辞めていきます**。

そして辞めた社員の上司や経営者は「アイツはダメだった」と、大きな声で残った部下に向かって言うのです。ほかにも「アイツは俺たちを裏切った」「ここまでしてやったのに、恩知らずなヤツだ」など。退職者が出たときは一番、経営者はメンバーから見られています。普段より一層、気を引き締めないといけません。

人が思い通りに動かないとき、相手を悪く言うことで辻褄を合わせようとする上司には、「人の個性を活かす」という発想がないのです。

「自分自身を活かせている」という実感を与えることができないので、そんな職場では従業員はやりがいも感じることはありません。

個人目標を一律管理するマネジメントへの誤解

「こんな職場は嫌だ!」の例は、まだいくつも挙げることはできますが、このくらいにしておきましょう。ここまで話してきた「人がすぐ辞める職場」「成長のない職場」に一つ共通する原因があるとしたら、マネジメントの本質について経営者が誤解していることだと思います。

それは、マネジメントを数字の管理だと考えている点です。

確かに、会社とは業績があって初めて継続していくことができます。しかし、会社には設立の目的があって、どのように世の中に貢献していきたいのかという思いもあるはずです。

会社とは言わば、そのような経営者の思いを叶える手段であるはずなのですが、会社を続けていると目的と手段が入れ替わり、いつしか、業績を伸ばすことが目的になってしまう。その結果、マネジメント＝売上増の手段、という考え方になってしまうのです。

すると、会社は「今期はいくらの売上を達成する」という目標を達成したら、それを営業チームの数で割り、チームの目標に設定する。チームはその数値目標をメンバーの頭数で割り、個人の目標に設定し、達成を要求する。キャリアや職位で数値の調整はなされるものの、「原則、一人当たり○○円の売上を達成する」という考え方で個人目標が与えられていく形となります。

このように一人ひとりの目標が一律管理された状態で、「達成しろ！」と言われても、目標を与えられた本人は、ポジティブな気持ちでアタックしていけるでしょうか。こうした目標は、通常、高いハードルとして設定されることが多いわけですが、本人には「自分が決めたわけじゃないし」という気持ちがつきまといます。合意をしていない目標を目指させられることは、**苦痛以外の何ものでもありません**。

しかも、この目標をどのように受け止め、意義を感じればよいのか。達成のためにどのようなアプローチをすればよいのか。つまずいたときはどのように対処すればよいのか。

そうした疑問については、上司は決まって「そんなもの、自分で考えろ！」と言います。なぜなら、一人ひとりの課せられた目標自体に本来は意味などないからです。「前期より○％高い数字を人数で割った」だけなので、「なぜ達成する必要があるのか」に上司は答えられません。

このような目標を与え、一人ひとりが達成のためにきちんと仕事をしているのかを監視することをマネジメントの仕事だと考えているのであれば、それは大きな間違いといえます。

マネジメントの本質は人の活かし方

マネジメントとは、メンバーの数字を管理して、クリアさせることではありません。私はその本質を「人の活かし方」だと思っています。

人にはそれぞれ強みと弱みがあるし、将来に向けてどのような成長をしていきたいのかという思いがあります。それを理解し、会社の考え方や方向性とマッチする形で一人ひとりの目標を個別に決めていく必要があるのです。

その上で、**現場に裁量権を渡す**ことで、その人は自分の頭で考え、動き始めるのです。

従業員の目標はなにも「会社の成長に貢献したい」といった会社にとって望ましいものである必要はありません。例えば「5年後には独立したい」といった思いがあるなら、それを認め、サポートする形で仕事を割り振るほうが、会社にも利益があるでしょう。

リクルートは出身者に起業して活躍している人が多いことで知られていますが、リクルートという会社自体も、常に新しいビジネスを開拓し続けています。

リクルートに入った時点で「定年まで勤め上げたい」という将来を思い描いている人はまずいません。皆「自分で事業を起こしたい。そのためにここで学ぶ」という気持ちでいるのです。

会社がそのことをよく理解し、「だったら、この力を身につける必要があるね。そのためにこの仕事をやってみようか」と仕事を振っていくことで、高いモチベーションを引き出すことができ、結果に対する強い責任感を引き出すこともできるわけです。

逆に、「せっかく育てたのに辞められては困る」と、学ぶ機会を出し惜しみしたり、飼い殺しのような使い方をしたりすれば、やる気が落ち、手抜きをされるだけです。

一見、会社の不利益に感じられるような目標宣言であっても、そこから本人にとっても全体にとってもプラスになる行動を引き出していくのがマネジメントの腕の見せ所なのです。

「将来は独立したい」以外にも、「残業はしたくない。なるべく定時で帰りたい」「できるだけテレワークで済ませたい」「育児の時間をもっと確保したい」「有休はしっかり消化したい」など、経営者の立場からしたら、つい「それはちょっと」と言いたくなる思いも従業員は抱えているものです。

しかし、それは彼らが自分の人生を充実させたいからなのです。そのことへの理解を示したうえで、「だったら、これを達成しないとね」と、会社の方向性と重なる目標について合意形成をしなければ、従業員は必ず「会社に働かされている」「やりたくない仕事を押しつけられている」という気持ちになるでしょう。

「**ここで働いているのは、自分の目標のためでもある**」という気持ちが大切なのです。

このように、「目標に納得していること」は、個人の成長にとって非常に重要です。逆に納得していない目標を与えても、それはポジティブな動機にはなりません。高すぎる目標を押しつけて「がんばれ」と尻を叩いてやる気を削ぐくらいなら、本人も「これなら何とか達成できる」というところまで、思い切って目標を下げる必要もあるでしょう。

もちろん「これくらいなら、できるよな？」と上司が言わせるようでは、意味がないことは言うまでもありません。

とにかく、会社の根本的な方向性と従業員一人ひとりが考えている人生の方向性が両立した目標を一人ひとりに共有していくこと。これがメンバーのモチベーションを高め、パフォーマンスを高めるマネジメントには求められると思います。

結果ばかりを要求しても成果は向上しない

日々の経営目標を見つめすぎると忘れてしまいがちですが、結果を出すためは、結果そのものばかりに注目していてもダメだ、ということです。結果というのは、あくまで結果であって、それまでの積み重ねが実を結んだものにすぎません。結果が向上するように、さまざまな働きかけを組織に対して気長に行うことが重要です。

樹木を大きく育てたいからといって、てっぺんを引っ張っても意味がないことと同じです。土を耕し、水をやり、肥料をやり……と周辺を攻めていく必要があります。

売上が思うように上がらないとき、単に「頑張れ！」と従業員にハッパをかけても意味がないのに、そればかり繰り返してしまう経営者は少なくありません。本当は「なぜパフォーマンスが上がらないのか？」について、より深い理由を考察する必要があります。

一つの例ですが、「成功の循環」という組織開発でよく用いられるフレームワークの考え方を用いると、経営者が取るべきアプローチが見えてくる場合があります。

このフレームワークでは、組織には４つの質があると考えます。関係の質、思考の質、行動の質、結果の質です。

関係の質とは、職場の人間関係の状態のことです。関係の質が高いと、その職場で働く喜びや意義をより感じやすくなるため、目的意識も高まり、思考の質が向上します。すると、その思考に裏打ちされた行動の質が高まり、結果の質も高まっていく、という循環が職場には存在していると見るわけです。

関係の質は、挨拶ができる⇩気兼ねなく世間話ができる⇩役職や経験にとらわれず

互いに尊重している⇩相手の仕事を理解し合っている⇩仕事への思いを共有している⇩役割や立場を超えて協力し合う
……のように向上していきます。

ろくに挨拶も交わし合えない関係の面々が同じ職場で働いていても、いい仕事ができないことは想像に難くありません。

もちろん、そのくらいなら誰でもわかるし、実践していることでしょう。それでは、お互いの仕事や状況を理解し合っている、仕事への思いや人生観を理解し合っている、といったところまで深い関係は職場に築かれているでしょうか。

業務が定型化されていれば必要ない、とも思われますが、それは誤解です。遠回りにも見えますが、人間関係の質を向上させることが組織の柔軟性を高め、協力の効率を高め、巡り巡って売上(結果の質)に繋がっていくのです。

経営者の情熱は、つい業績に向かいがちです。それが「世の中に貢献するため」「こんな社会にしたいから」といった利他的な使命感だとしても、同じように従業員が張り切って目標達成に急いでくれるわけではありません。「人間関係の質を高める(育て

成功の循環イメージ

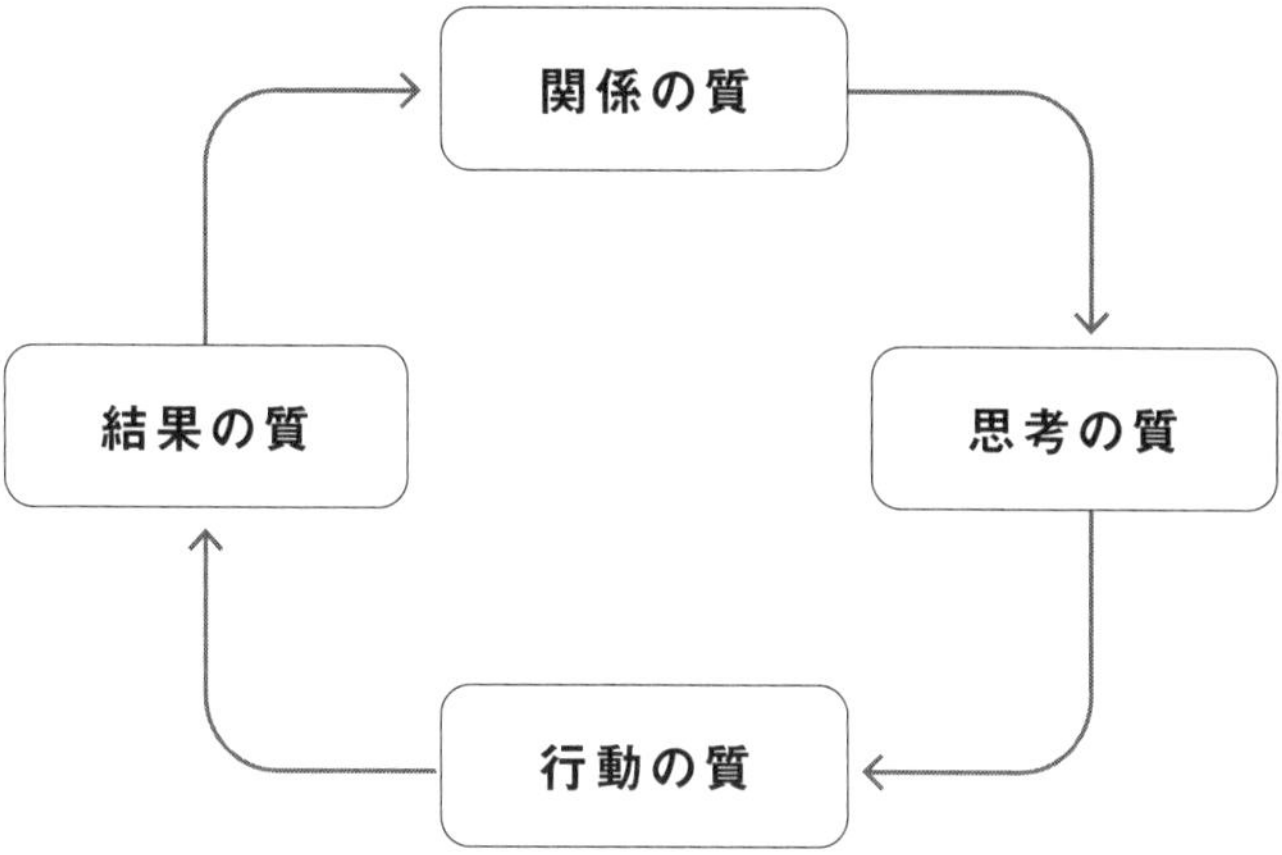

る)」という一見、遠回りに思われるような関わりも業績を高めるには必要なのです。

生き残る保険代理店に必要な「学習」「共感」「自走」

経営者は職場や従業員に対して「自分の会社」という意識が強いせいか、どうしても隅々まで自分の意のままにしようとしてしまいがちです。それが個人に目標を押しつけたり、数字の管理をしたがることにつながるわけですが、それが従業員のパフォーマンス向上には効果的でないことはお話しした通りです。

経営戦略を考え、メンバーの行動を標準化、マニュアル化してそれぞれを動かせば数字目標が達成できると考えがちですが、これでは従業員の考える力を奪うだけです。「とにかく数字を作ろう」という意識になるので、記録を操作して数字が出ているように見せたり、「どんな方法でも売れればいい」というやり方で顧客対応をすることにも正当性を感じるようになってしまいます。

年間目標から逆算して四半期の目標、今月の目標などと決めていきますから、結局、短期の成果が評価基準となり、誰もが**目先の数字に振り回される**ことになってしまいます。

これでは新しいアイデアを出す暇などありませんし、互いの信頼関係など芽生えるはずもありません。「自分は数字を達成できてよかった」「数字は達成できなかったけど、自分より低い人もいるから安心」などと、自分の身を守ることばかり考えるようになり、お互いに助け合ったり、アイデアを出し合ったりして新しい方法を試すといったイノベーションも生まれません。

こんな職場にしておきながら、「社員が成長していない」と嘆く経営者をよく見かけますが、それこそ育てたように社員が育ったにすぎないと言えるでしょう。

経営者にとって理想の職場とは、経営者が社員の行動にまで目を光らせなくても、社員が会社の方向性に共感し、自分の役割を理解して自ら動いてくれる現場だと思います。

そうすれば、経営者はより**経営者にしかできない仕事に専念する**ことができます。

「わかっているけど、それができない」という経営者も多いのですが、これは早急に手を打つ必要がある課題だと思います。

「働きがいのない職場」「つまらない職場」に人は集まりません。この状態を放置していれば、人がどんどん離れていくことが目に見えているからです。

これは保険代理店に限った話ではないのですが、保険代理店は数字を求める傾向が強いからこそ、人が離れていかないようにするために、**「学習」「共感」「自走」**の要素が必要です。

会社組織にとって学習とは、顧客にとってもっともよい選択肢を追求し、常に新しい価値を生み出そうとし続けることです。

共感とは、社内の誰もが互いを分かり合い、持続可能な成長と繁栄を共有できることです。

自走とは、一人ひとりが自分の役割を理解し、自ら考え行動することで互いに貢献し合い、課題をクリアしていくことです。

学習・共感・自走の三本柱が支える状態になると、**会社は自然と成長する**ようになります。組織としての環境が整うことで、結果的に売上や利益が向上していく流れが生まれるのです。職場には、いつも数字に追われてギスギスした空気がなくなります。

会社を持続可能な成長力を持った組織に変えるには、会社の数字を上げることではなく、会社の状態をよくすることを優先する。この優先順位を間違えないことが大切です。

「ミッション」「ビジョン」「バリュー」は明確で共有されているか

そこでまず重要になってくるのは、「会社は何を目指しているのか」が明確であり、共有されているのか、ということ。つまり、「何のためにこの会社は存在しているのか」という会社の目的です。

言い換えると、会社の使命（ミッション）です。

保険商品を売って利益を出すことは、確かに日々の業務ですが、それは何のためでしょうか。どうして利益を増やしたいのか。利益を増やすことには、どのような意味があるのか。なぜそれを「保険商品を売る」という活動で達成したいのか。

そんなことを突き詰めて考える必要があります。

ただ、経営者ならば、起業する際、何らかの志はあったはずです。日々の業務に追われていると忘れがちですが、それを思い出し、一本のコピーのようにして明確に言語化する必要があります。

例えば、私の会社のミッションは「人生のベストコンディションを追求する」です。人生のベストコンディションは、年齢、職業、家族構成、経済状況、病気の有無などにより、千差万別です。しかし、保険代理店として、誰の人生であってもベストな状態をつくり出すことの役に立ちたい。そういう思いが込められています。ここには顧客はもちろん、従業員の人生も含まれます。

ミッションは経営理念と言い換えてもよいでしょう。この会社は社会に対して、本質的にどのような役割を担うのか。これを明確にする必要があります。

ミッションが決まったら、会社がその役割を果たすためには、業務としてどのような働きをするべきなのかを考えます。これが「ビジョン」です。ビジョンとは未来像や将来展望のことですが、文字通り、「このような組織です」とビジュアル化したイメージでとらえられるような言葉に落とし込む必要があります。

私の会社には「自立し自律しながら人生のベストコンディションを追求する、日本一の保険代理店となる」というビジョンがあります。

ミッションである「人生のベストコンディションを追求する」を実現するには、このような保険代理店にならなければならない、ということです。ベストコンディションの「追求」とは、価値として追い求めるイメージです。そこに終わりはありませんから、永遠のテーマともいえます。

ベストコンディションの「追求」とは、具体的に一つずつ課題をクリアし、組織として成長していく意味合いです。従業員が自立・自律しながら、顧客・従業員の人生のベストコンディションを一つずつ、できるかぎり実現していきながら、日本一の保険代理店になることをゴールに設定しています。

ビジョンは、「業界内でどのような立ち位置を取るのか」ということでもありますので、経営戦略ととらえても構いません。

では、そのために会社は、日々の業務でどのような価値を示し、提供するのか。これが会社の「バリュー」です。

私の会社は「自ら学習し、成長し、共感しながら、私たちは人生のベストコンディションを追求します」と掲げています。社員一人ひとりがこのような価値基準で仕事をすることで、ビジョンに近づいていき、ミッションの体現者となることを目指しているわけです。

ここで初めて、組織にとっての目標とは何か、を考えることになります。

ミッション⇩ビジョン⇩バリューという三層で会社の価値観を整理し、これを社員全員に共有する。これに理解し共感してくれる人達だけで組織を構成することが理想です。

ミッションは会社の存在意義ですから、トップが直にメンバーに訴える必要があり

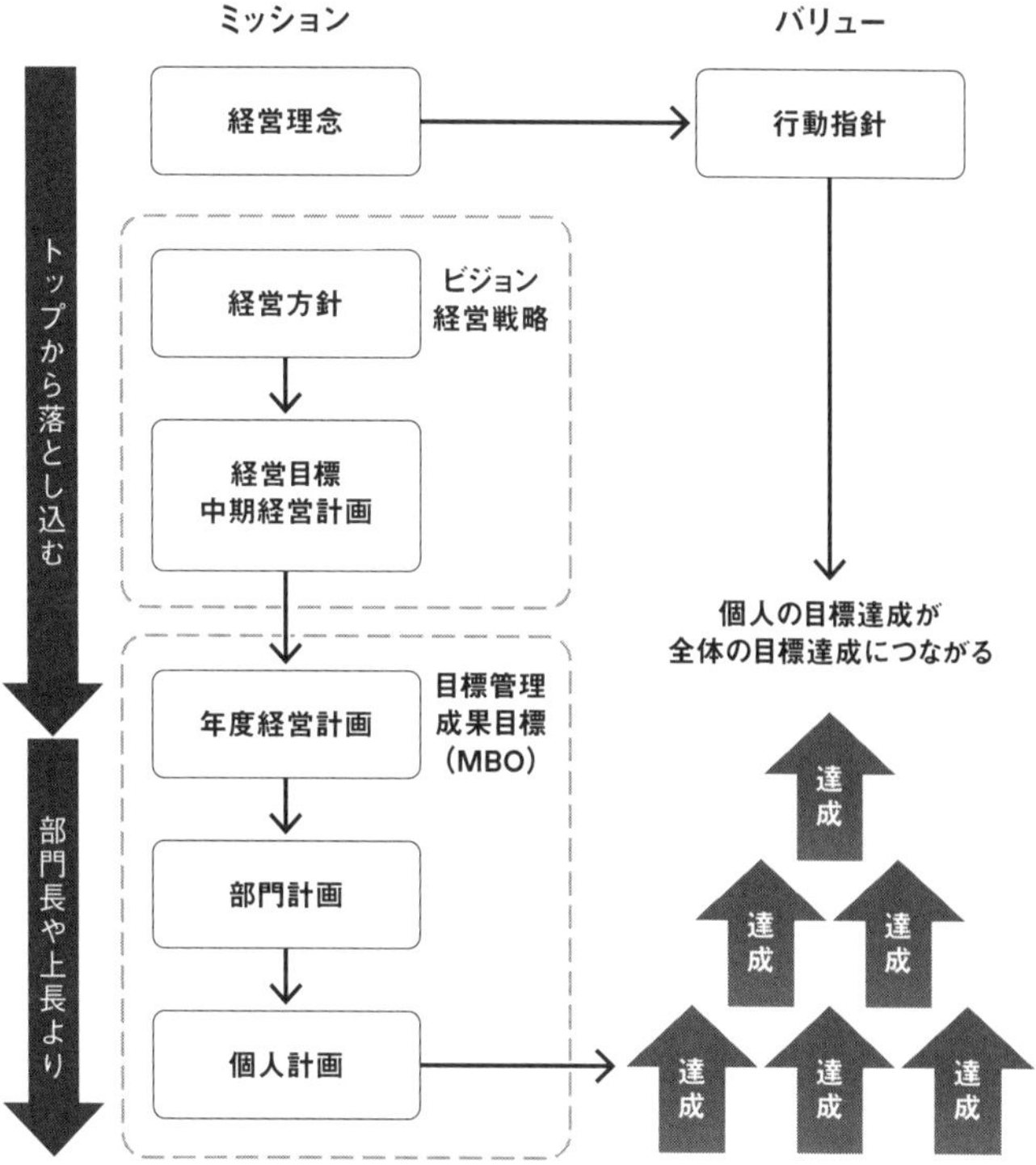

一人ひとりの目標達成が事業計画の達成へ

ます。さらに、会社が向かう大まかな方向性を指し示すビジョンも、トップの声で届ける必要があるでしょう。

そのうえで「それを踏まえてどうする？」の部分となるバリューは、部門長などや上長がメンバー一人ひとりに伝えていきます。

社員が会社のミッション、バリューを理解していない、あるいは知らないという組織は、同じ方向を向いて進むことができません。目標の意味も理解しないため、個々の業務の必要性にも感度が低くなります。会社の存在意義や目指す方向に共感していないので、仲間を助け合うという発想もありません。

ということで、会社を**自走して成長する組織**に変えるには、まずは「ミッション」「ビジョン」「バリュー」をしっかり固め、全社員に打ち出していく必要があります。

人事評価制度はミッションに遡れなければならない

従業員が会社に対してやる気や信頼を失う原因の多くは、人事評価制度にあります。「会社を変える」とは9割方**「人事評価制度を変える」ことと同義**であると言っても過言ではありません。

何を評価し、何を評価しないのか。それによって従業員は張り切ったり、報われた思いで喜んだり、あるいは逆に失望したり、不公平感や不満を感じたりします。

人事評価制度は、給与をいくらにするのかを決めるツールとして使われますが、それだけのものではありません。従業員一人ひとりから行動を引き出し、組織としての目標を達成し、ビジョン実現に近づくためのツールです。

経営者は「誰にいくら払うのか」という目線ではなく、「どんな行動を引き出したいか」という目線で人事評価制度を扱うようにしましょう。前者のような発想だと、人事評価は給与の支払いを抑える口実になりかねません。

そうではなく、経営側が望む行動を明確にし、それに沿って成長してくれた従業員にお金で報いるための手段として役立てます。

人事評価制度とは、一人ひとりの成長を引き出して経営目標を達成するツールです。会社と従業員双方にプラスの仕組みになっていなければなりません。

そのため、従業員を評価する軸は、売上や利益といった会社の決算書に載るような**業績に直結する数値目標だけでは不十分**です。売上や利益だけを評価する人事評価制度の下では、従業員は「とにかく数字を出せばいいのか」と考え、モラルが失われてしまうからです。

人事評価制度は、目標達成の度合いを評価するものですが、目標とは本来、会社のあり方から導き出されたもの。従って、従業員がそのようなあり方であろうとしてとった行動もまた、評価の軸に加えていく必要があるのです。

つまり、評価軸は成果目標と行動目標の二軸で考える必要があります。

成果目標は、定量的に計測することのできる数値目標です。MBO（Management By Objectives）といい、何パーセント達成できたか、のような形で評価します。

行動目標とは、日々の活動の中で目に見える具体的な行動や取り組みをどれだけ行うか、という目標です。行動目標を評価するとは、言い換えると、コンピテンシーの発揮度合いを評価するということになります。

コンピテンシーとは、要するに仕事ができる人の行動特性のこと。それに沿った行動をどのくらいとったのかを結果にかかわらず認め、評価することで、会社にとって望ましい行動を引き出すことができます。

こうした行動の積み重ねは、やがて結果につながっていきますから、それを評価し続けることで、本人も成長の実感を味わうことができます。

まとめると、人事評価では量だけでなく質も見るべし、という風にもいえるでしょう。

行動の質を評価するためのKPIロジックツリー

日々の行動の質を評価するには、結局のところ、行動を数値化することが必要です。

そのために必要なのは、例えば「売上高」という業績は、どのような要素で成り立っているのか。さらにその要素は、どのような結果の集合なのか。その結果を出すためには、どのような行動が必要なのか。では、その行動を一人ひとりはどのくらいの頻度で実施しているのか。

このように最終成果の数字を要素に分解し、個別の行動にまで落とし込み、「行動できている／できていない」をスコアで表現できるように整理する必要があります。

このように、最終的には売上増などの業績につながる行動をスコア化した指標を、重要業績評価指標（ＫＰＩ：Key Performance Indicator）といいます。

ＫＰＩに基づいた経営では、上司や経営者は、従業員に対して単に「売上を伸ばせ！」と迫るのではなく、売上アップにつながる日々の行動の達成状況をスコアで見て、その行動の頻度を増やすことを促します。

例えば、顧客数を増やすために、まずは顧客に提案する機会を増やす必要がある。そのためにはアポイントを取る必要があり、そのためには電話をかける回数を増やす必要がある……。

このように目標を分解し、最終地点の行動についてスコアで評価することで、従業員の行動の質は変わっていき、やがて業績にも表れてくるというわけです。

私の会社の例をご紹介しましょう。

企業として「持続的成長」をゴールと考えたとき、それを支える要素として「売上」「成長率」「効率性」「体制整備」があると考えたとします。ちなみにこれらは重要目標達成指標（ＫＧＩ：Key Goal Indicator）といいます。

「売上」に注目すると、売上をアップするために必要なものは、保険代理店の場合、「提案客数」「単価」「成約率」に分解することができます。

では、提案客数を増やすにはどうすればよいかというと、とにかく顧客に会う数を増やさなければ始まりませんので、「提案面談数」「保全面談数」「その他の面談数」を増やすという要素に分解できます。

そして、「提案面談数」を増やすには「アポイント取得数」「架電数」を増やす必要が、「保全面談数」を増やすには「既契約保全対応数」「既契約提案ステップ数」を増やす必要が、「その他の面談数」を増やすには「セミナー開催数・集客数」「紹介依頼数・獲得数」などを増やしていく必要がある、という構造が見えてくるわけです。

KPIロジックツリー

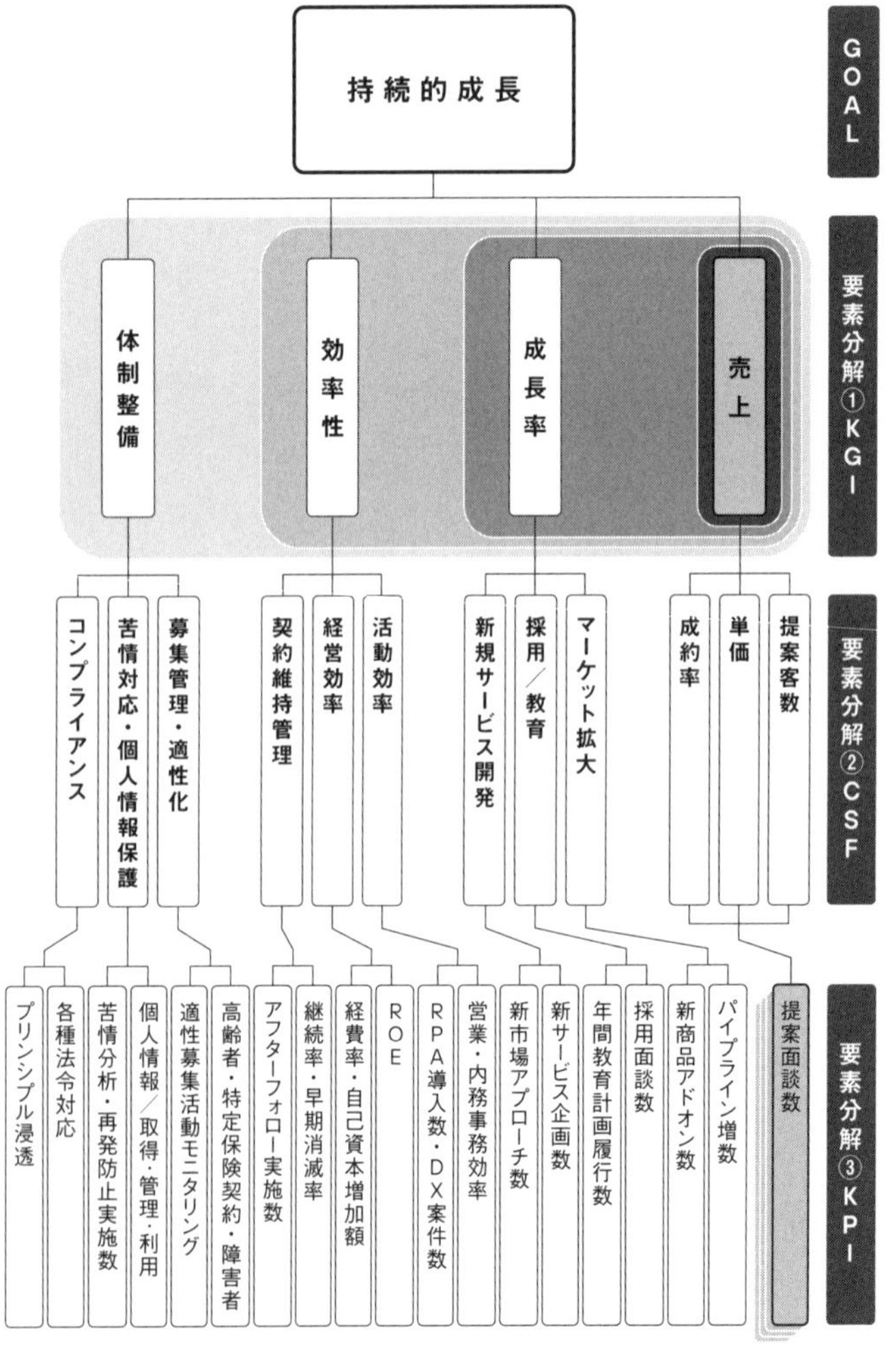

持続的成長
GOAL
体制整備
効率性
成長率
売上
要素分解①KGI
コンプライアンス
苦情対応・個人情報保護
募集管理・適性化
契約維持管理
経営効率
活動効率
新規サービス開発
採用／教育
マーケット拡大
成約率
単価
提案客数
要素分解②CSF
プリンシプル浸透
各種法令対応
苦情分析・再発防止実施数
個人情報／取得・管理・利用
適性募集活動モニタリング
高齢者・特定保険契約・障害者
アフターフォロー実施数
継続率・早期消滅率
経費率・自己資本増加額
ROE
RPA導入数・DX案件数
営業・内務事務効率
新市場アプローチ数
新サービス企画数
年間教育計画履行数
採用面談数
新商品アドオン数
パイプライン増数
提案面談数
要素分解③KPI

KPIロジックツリー

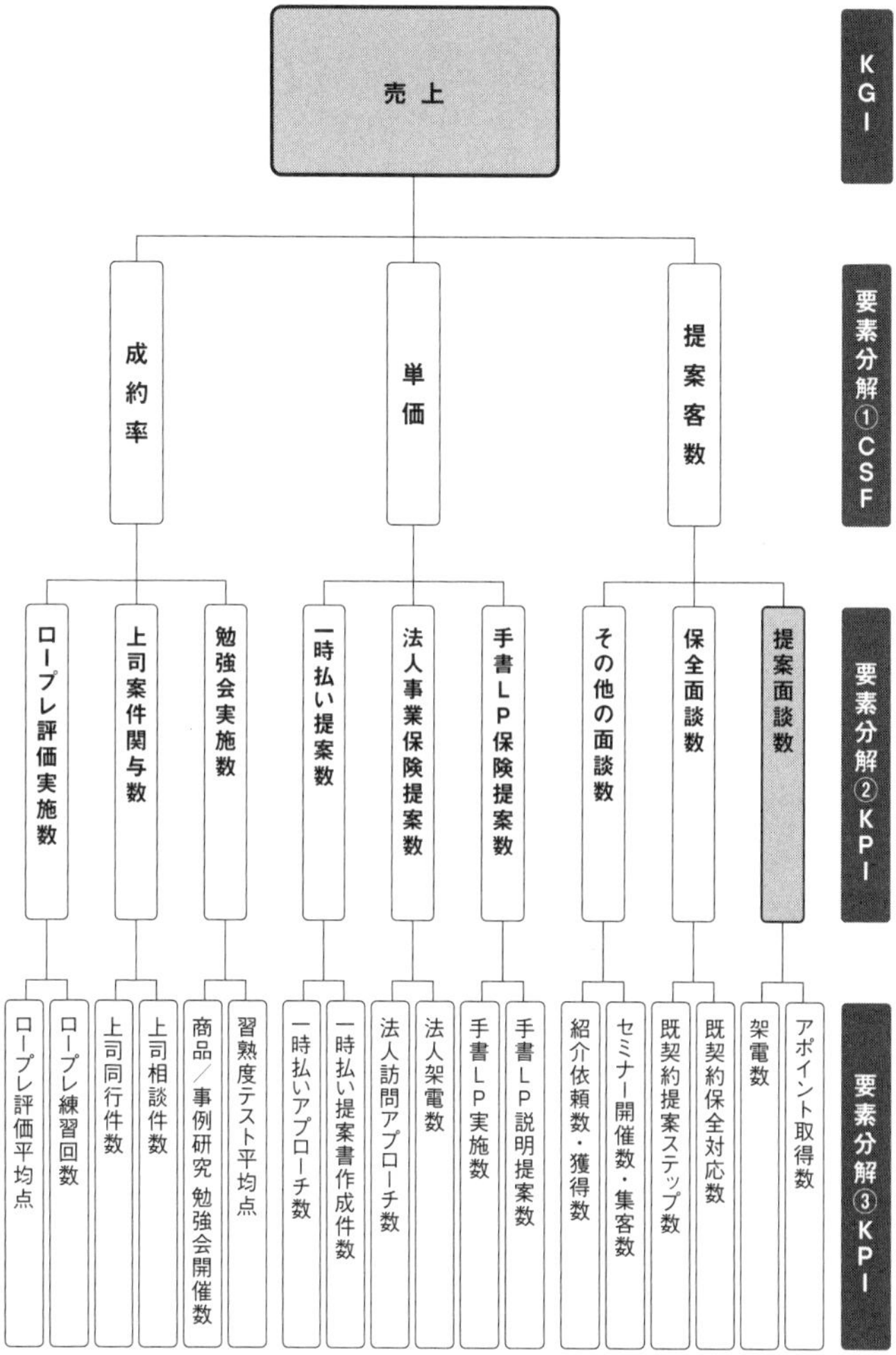

売上
KGI
成約率
単価
提案客数
要素分解①CSF
ロープレ評価実施数
上司案件関与数
勉強会実施数
一時払い提案数
法人事業保険提案数
手書LP保険提案数
その他の面談数
保全面談数
提案面談数
要素分解②KPI
ロープレ評価平均点
ロープレ練習回数
上司同行件数
上司相談件数
商品／事例研究 勉強会開催数
習熟度テスト平均点
一時払いアプローチ数
一時払い提案書作成件数
法人訪問アプローチ数
法人架電数
手書LP実施数
手書LP説明提案数
紹介依頼数・獲得数
セミナー開催数・集客数
既契約提案ステップ数
既契約保全対応数
架電数
アポイント取得数
要素分解③KPI

これがＫＰＩになるわけですが、「提案面談数」のようにＫＧＩとＫＰＩをつなぐ要素のことは、重要成功要因（ＣＳＦ：Critical Success Factor）といいます。

売上がなかなか上がらない営業担当に「いいから、とにかく契約を取ってこい！」では、本人もどうしたらよいかわかりません。自分なりに試行錯誤しているのに、結果が出ていない状態だからです。

そこで、経営者や上司がするべきは、契約につながる電話はどのくらい掛けているのか、アポイントメントはどのくらい取れているのかを確認し、足りていないようなら「まずは電話をかける数を増やしてみよう」といった足元の目標から達成していくことを促すのです。

面談数が増えているのに、なかなか成約に結びつかないというときは、「成約率」の構成要素から行動の質をチェックし、そのスコアを高める行動を促します。習熟テストの点数アップ、上司への相談件数、ロープレの練習回数などをスコア化すれば、それらを増やすことはよいことだ、というメッセージとなります。こうして、望ましい行動が従業員に浸透していくわけです。

このように従業員に期待する行動内容を整理したものを「ＫＰＩロジックツリー」

といいます。

こうして**一人ひとりの「するべきこと」**が見えたら、あとはそれぞれが経験や技量に応じたToDoリストを作り、PDCAを回していく段階です。ここまで取るべき行動が分解されていますので、あとのやり方は一人ひとりに任せて構いません。自己決定できる余地があるほうが、試行錯誤しやすくなり、積極性も高まります。

その後、「KPIのスコアが上がるように行動したけれど、CSFが上がらなかった」となれば、KGIも上がらないことが目に見えていますので、KPIの内容を修正します。推奨しても意味がない行動をスコアにしていなかったか、スコア化すべき行動はほかにないか、スコアの配分は適切だったか、などを調整していくわけです。逆に、予想よりもCSFを大きく上げた行動があれば、スコアの配分を高くするなどして推奨します。

こうすれば、従業員は日々の行動に「今日は○○のスコアを上げよう」といったように目標を持つことができ、一日の終わりにはそれがうまくできたかどうか、振り返ることができます。

KPIマネジメントイメージ

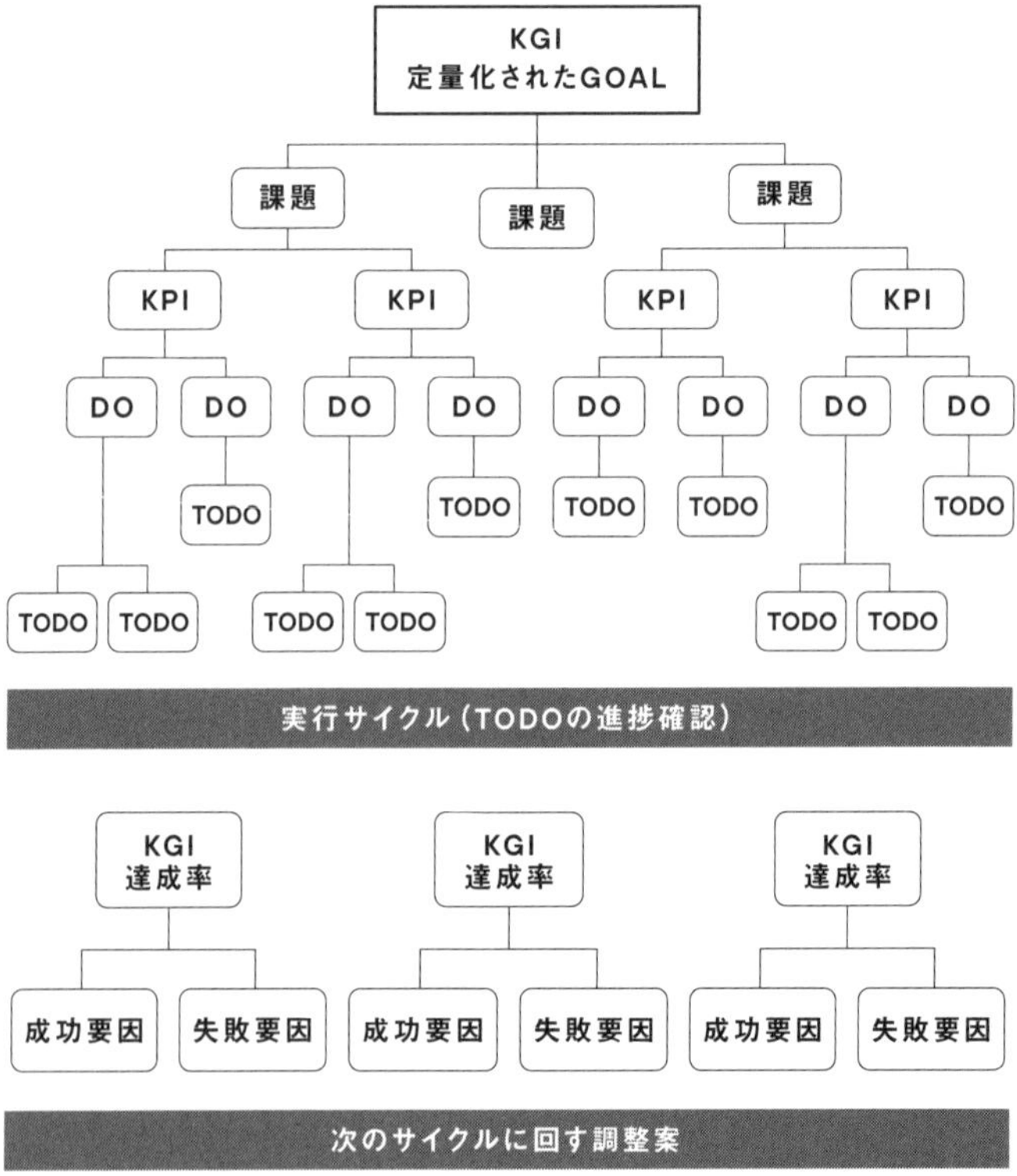

チームでその成績を集めて週ごとに振り返り、会社として全体のスコアを月ごとに振り返るといったかたちにすると、KGI達成に関わる、より効果的なKPIを見つけることが可能となります。

やがて、会社の業績は向上していくわけです。

インセンティブ型より一律型の給与体系が会社を成長させる理由

このようなやり方で会社の業績を上げていくには、組織全体が一つのチームとして機能する必要があります。誰か一人が高いパフォーマンスを発揮して稼ぎ頭になるのではなく、日々の行動が業績につながっていることを一人ひとりが理解し、質の高い行動をとることで数字を底上げしていくような形です。

ちなみに、**マネジメントの姿としては、決して奇抜なものではありません**。

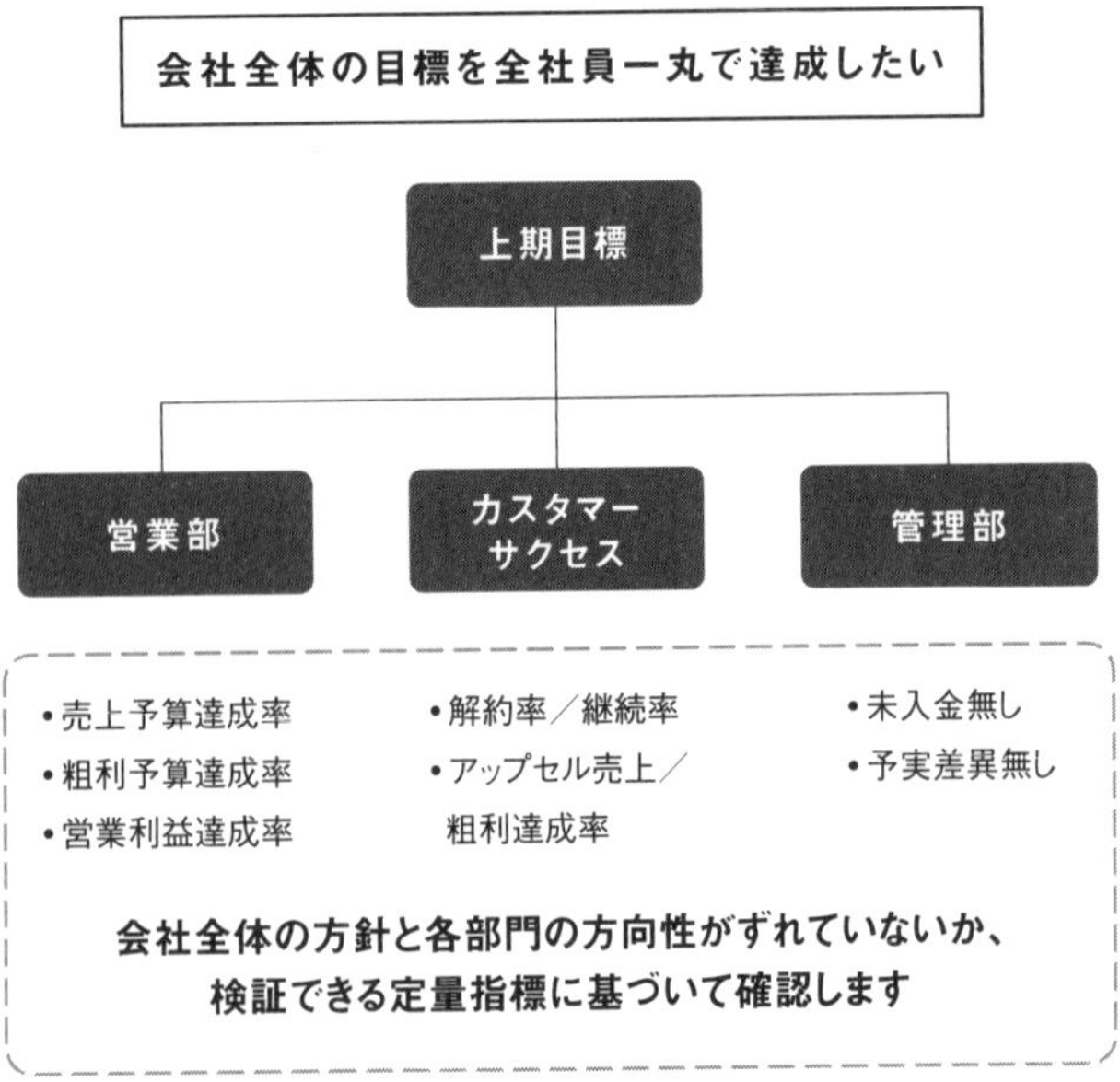

OKRを考える

Objectives and Key Results（目標と主要な結果）の略称

会社全体の目標と定量的に表れた結果を一定期間ごとに振り返り、検証していきます。

※必ずしも評価に連動するわけではない。目的に対して定量的な結果がずれていないかの確認が重要。

ただ、保険代理店の経営者には、こうしたやり方は「難しい」とか「リスクが高い」と感じてしまう人も多いかもしれません。保険代理店の経営者は、「売れる営業」の働きこそが重要で、彼らに十分に報酬を与えなければ人が辞めてしまう、経営が成り立たないと考えがちだからです。

しかし、それは誤解です。一人ひとりが会社全体のために自分の役割を果たすことで、社員も満足し、会社が成長するという組織作りは十分可能です。

このようなマネジメントでは、メンバーのKPIをチェックしてPDCAサイクルを方向づけるマネージャーが必要です。さらに、前ページに掲げた図のように各種フォローアップや分析をするチームとして、営業部以外の間接部門の働きも重要となってきます。

会社として取るべき行動が整理されていますから、営業部は契約を預かることに集中することができ、その後のサポートは別の部署（カスタマーサクセス部）に回す体制にすることができます。

保険代理店には、「うちはフルコミッション制で営業メンバーがそれぞれ動いているから、マネージャー職はいらない」という経営者も少なくありません。

しかし、それでは**会社の業績はその人に頼りきり**となってしまいます。報酬に不満が出れば、その人は辞めていってしまうでしょう。営業担当は、自分が獲得した顧客を手放さなくなりますので、一人への負担もどんどん増えていきます。

やがて「もっと報酬を」という話になって、お金でつなぎ止めなければならなくなってしまうのです。

しかも、そのように「売上を上げている人が偉い」という組織のあり方を会社が認めてしまうと、会社のミッションを守ることが難しくなります。「顧客にとってベストではなくても、手数料の高い保険商品をどんどん売ってくる人が高額報酬をもらえる(=会社から評価される)人材なのか?」という問いに対し、理念を盾に「それは違う」と答えることができなくなってしまいます。

保険代理店に限らず、会社の存在意義とは本来、顧客に価値を提供することのはずです。そこにベストを目指せる体制づくりを目指していくことが経営者の使命であり、

「顧客に不利益をもたらしてまで売上を上げたい」いうのは、いわば邪念です。

もしも会社を持続的に成長させたいと願うなら、私利私欲からの邪念で動けるような仕組みそのものを改革していく必要があるように思います。

顧客の成功（カスタマーサクセス）を追求することこそが、会社の成功にもつながっている、という考え方に立つのです。私の会社では、そのような立ち位置から、報酬制度は一律のルールに基づいて分配されています。それでも会社は成長し、業績は伸び続けています。

次章では、その仕組みについて説明していきましょう。

第3章

顧客増・売上増につなげるには会社を一つのチームにする

これからの保険代理店は「分業」こそ成功のカギ

会社であれば、その使命と存在意義（ミッション）、理想的な戦略的立ち位置（ビジョン）、顧客や社会に提供する価値（バリュー）について考えたことのない経営者はいないと思います。これらがきれいに整理されていなくても、「なぜこの事業をするのか？」「どうやって継続していくのか？」を考えることは、「ミッション」「ビジョン」「バリュー」について検討することに他なりません。

第2章を読んで「うちの会社もミッション・ビジョン・バリューくらいは持っているよ」と感じていた方は多いでしょう。

では、なぜそういう会社で人がすぐ離れてしまうのか。特に保険業界は「人生を輝かせる」など、素敵なミッションを打ち出しているのに、なぜか高い離職率で知られています。

それは、端的に言って、その会社に居続ける意味を感じることができないからです。従業員が職場に居続ける意味を感じるには、本人がそこで成長を感じている必要があります。そして、それこそが会社の成長にもつながっていきます。

人の成長に必要なのは、適切な目標設定です。目標は高すぎても低すぎてもいけません。頑張ればなんとか達成できる目標を一人ひとりに与えていく必要があります。つまり、**目標は一人ひとりで異なるのが必然**なのです。

そのためにも、第2章で説明したように、業務を細かく要素分解する必要があるわけです。

一人ひとりの目標を細かく設定するとは、売上ノルマの数字を変えて一人ひとりに与えることとは違います。「売上を継続して上げ続ける」という当たり前の目標を分解し、より細かな行動目標に落とし込んで、それぞれが自分に合った部分や得意なパートを担当することが効果的な目標設定となります。

従来の保険代理店は、売上の数字を持った一人ひとりの集まりというイメージでしたが、そうではなく、それぞれが行動目標を達成すると大きな売上の数字が完成するというイメージです。

個人の目標設定と会社の業績の関係は、小さなピースがたくさん集まると一つの絵が完成するジグソーパズルのようなものです。つまり、「分業」を適切に設定することが、人が成長し続け、定着する職場には欠かせないのです。

このときに重要なのは、保険業にありがちな「クロージングを担当した人間が偉い」という感覚を捨てることです。保険を利用することにおける顧客にとっての成功（カスタマーサクセス）こそが会社が目指すべき提供価値であり、クロージングとは、その一部分に過ぎません。

得意な人間、その能力を伸ばしたい人間が現在たまたま担当しているにすぎないのであり、クロージングした顧客を引きとってアフターフォローを行うメンバーの業務と重要性において何ら劣るものはありません。

チーム全体で一人の顧客に最適解を生み出すサポートをしているのであり、その意味において、役割は違えどメンバーは対等なのです。

五つの「委員会」で事業の成長を分業する

順を追って述べますが、まず私の会社では、事業の成長という全体目標に対して、次の5つの委員会を設置し、互いに役割を果たし合うことで成長のサイクルが生まれるように設計しています。

マーケット拡大委員会

顧客との接点をいかに広げるか企画するためにマーケットを分析し、潜在顧客、見込み顧客を管理。重要な会社の資産として効率的な活用を促す委員会。効果的に機能すれば、多くのファンを生み、売上につながる。

DX推進プロジェクト／苦情・コンプライアンス委員会／内務管理・効率化委員会

内務プロセスの不備や不具合の改善や、業務のDX化を推進。会社組織の運営効率化を追求する委員会。DX推進などを通してバックオフィスを強化。コンテンツを充実させ、カスタマーサクセス（＝顧客が人生のベストコンディションを実現する）を叶えるツールを開発、提供する。

ＨＲマネジメント委員会

人材（ＨＲ：Human Resources）の採用、教育、育成のために必要な組織的な取り組みの企画立案を担い、組織拡大に貢献する委員会。一人でも多くのクライアントをベストコンディションに導きたいメンバーが集まるチーム。理念に共感できる人を集め、理念への共感度を社内で高めるための活動を行う。

募集管理・適正化委員会

法令上求められるレベルの社内の体制整備を行う委員会。「顧客のベストコンディションを追求する」会社にふさわしく、その活動に集中できるような組織環境を作り上げ、維持向上させるための取り組みを企画立案しリードする。顧客と接点をより広げるための施策も検討する。

カスタマーサクセス委員会

アフターフォローとカスタマーサクセスを担い、顧客の状態を「ヘルススコア」と

事業成長戦略

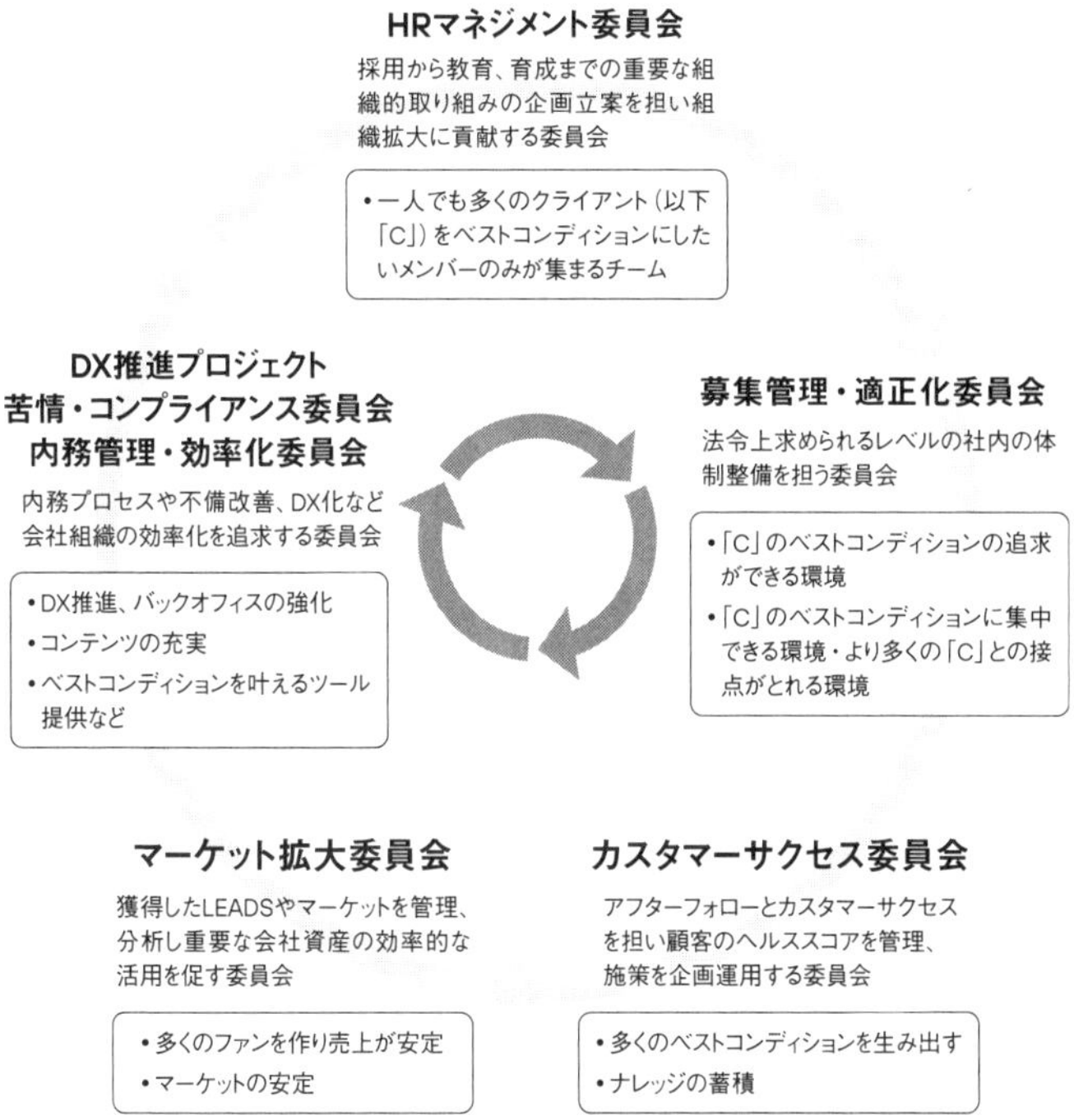
HRマネジメント委員会
採用から教育、育成までの重要な組織的取り組みの企画立案を担い組織拡大に貢献する委員会
•一人でも多くのクライアント（以下「C」）をベストコンディションにしたいメンバーのみが集まるチーム
DX推進プロジェクト
苦情・コンプライアンス委員会
内務管理・効率化委員会
内務プロセスや不備改善、DX化など会社組織の効率化を追求する委員会
•DX推進、バックオフィスの強化
•コンテンツの充実
•ベストコンディションを叶えるツール提供など
募集管理・適正化委員会
法令上求められるレベルの社内の体制整備を担う委員会
•「C」のベストコンディションの追求ができる環境
•「C」のベストコンディションに集中できる環境・より多くの「C」との接点がとれる環境
マーケット拡大委員会
獲得したLEADSやマーケットを管理、分析し重要な会社資産の効率的な活用を促す委員会
•多くのファンを作り売上が安定
•マーケットの安定
カスタマーサクセス委員会
アフターフォローとカスタマーサクセスを担い顧客のヘルススコアを管理、施策を企画運用する委員会
•多くのベストコンディションを生み出す
•ナレッジの蓄積

して管理。顧客との関わりをより深くするための施策を企画し、運営する委員会。多くのベストコンディションを生み出すナレッジが蓄積されており、効果的な施策を行うことで、顧客一人当たりの単価や契約数が増加する。

これらの委員会がそれぞれの活動を行うことで、会社全体として成長のサイクルが生まれます。社員は必ずどれかに所属しており、自分の業務はもちろん、社内に存在するさまざまなプロジェクトや他の人の仕事がどのように組織全体の成長を後押ししているのかを理解することができます。

このため、日々の業務はＫＰＩで細かく目標設定されていますが、目先の行動にとらわれて大局を見失うことがありません。仕事の意義を見失うことなく、一つひとつの細かな業務の重要性を自ら理解し、責任を持って遂行する意識が育ちます。また、すべてのコミュニケーションは、オンラインツールで透明化されており、「社内の誰かだけが知っている」という情報はほとんどありません。情報の偏りがなくなることで、社員全員が互いの役割や活動の本質的な意義や効果について確認し、意見することもできるようになっています。

このようなチームビルディングを意識したうえで、会社は組織として、代表取締役である私を筆頭に、営業サポートチーム、営業チーム、内務管理チームの三系統が存在する形となっています。

営業活動における分業の基本的な考え方は、次のようになります。

- 営業サポートチームと営業チームは分業して、より効果的な効率化に向けて進化させる
- 新しい見込み顧客と接点（新規リード）のための架電はそのまま継続する。不在やお断り案件は「リサイクル」に分類し、定期的にフォローを継続。リードへの移行を目指し、リードの蓄積が増えることを目指す
- 保有契約のサポートはカスタマーサクセスを目標にしてアフターフォロー。企画・運営についてはカスタマーサクセス委員会が主導し、営業サポートチームおよび営業チームと協働する
- 真の目標はあくまでもカスタマーサクセス。カスタマーサクセスに通じているか

どうかを行動の基準とする。

従業員は、組織図のどこかに位置しながら同時に5つの委員会のいずれかに所属することで、いわば「木を見ながら森を見る」という立ち位置で会社に関わることができるようになります。

日々の業務が上から与えられている状態だと、KPIがいかに一人ひとりに最適にカスタマイズされていたとしても、それを達成することに意味を見出せません。委員会活動を通して会社の目的や必要な役割を理解することで、**「自分は会社の仲間の役に立っている」**という貢献の実感や自己効力感を得ることができ、それがやりがいにつながっていくわけです。

顧客を「オン・ボーディング」の状態でキープする

保険業務で重要なのは、新しく顧客を増やすことと同時に、契約した顧客との関係をより深め、単価や契約数を増やしていくことです。それは顧客にとって代理店との信頼関係がより深まったことで、ビジネス上の関係も深くなったことを意味します。

そのためには、代理店が行うべき重要な働きかけとして、顧客に常に関わり続けるということがあります。契約をとったら保障の必要があるまでそのままほったらかしというのではなく、こちらから折を見てアプローチできる機会をさまざまに準備しておくことで、顧客からは「気にかけてくれている」と思ってもらえたり、重要な情報源として位置づけてもらえたり、いざというときに思い出してもらえたりする存在になることができます。

このように**顧客の心の片隅に常にあり続ける**状態を確保することで、次の展開につながるチャンスを常にオープンにしておくわけです。

私の会社では、顧客とのこのような関係性を**「オン・ボーディング（On Boarding）」**の状態と位置づけ、丁寧に効果的にケアしていくように業務を設計しています。オン・ボーディングとは、「飛行機や船などの乗り物に乗っている状態」を意味する「オン・ボード（on-board）」に由来する言葉です。元々は新しい乗組員が仕事に慣れるまでにサポートするプロセスのことを指しますが、会社では新たに採用した人材を配置し、仕事に慣れて戦力になるまでサポートするプロセスや段階のことを「オン・ボーディング」と言います。

顧客が「オン・ボーディングであるかどうか」とは、つまり顧客が私の会社のサービスに順応するプロセス上にあるかどうか、ということになります。顧客の立場で言えば、会社が顧客と伴走を支援する状態になっているかどうか、ということです。

初めは小さな契約からのスタートであっても、お付き合いに慣れ、提供できる保険商品やサービスの全容が見えてくるにしたがって、顧客はさらなる契約に関心を持つようになります。契約金額が増えていくにつれ、ますます関係が深くなり、さらにその顧客とのビジネスが拡大していくことも期待できます。

既存の顧客からのリピートを発掘する働きかけを、組織として分担して実施していくわけです。

私の会社の場合、営業プロセスは具体的に次のように分業されています。

OUR MODEL

FS：Field Sales 営業チーム
I S：Inside Sales インサイドセールスチーム
CS：Customer Success カスタマーサクセスチーム

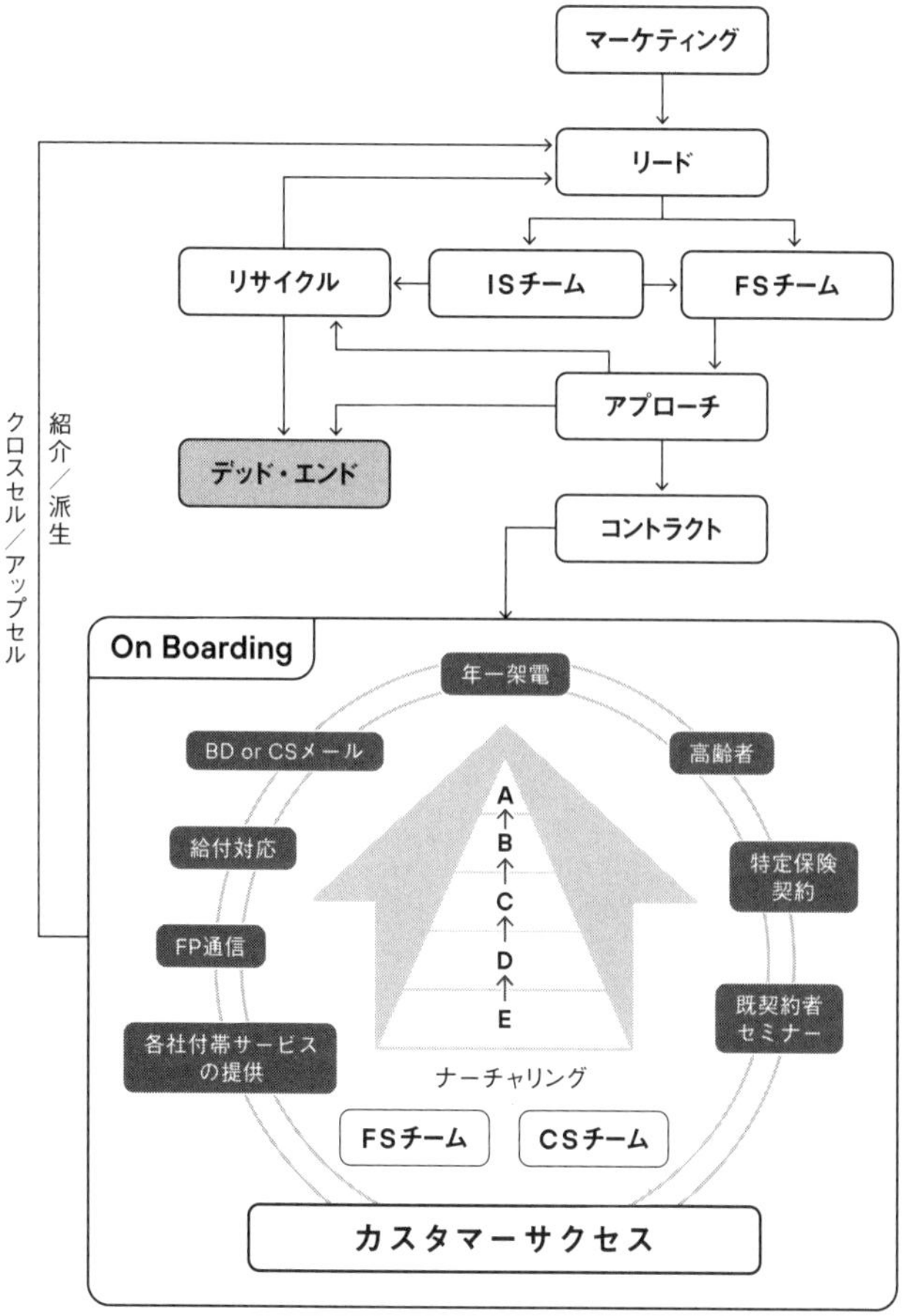

営業は、顧客に実際に会いに行き、面談で契約を取り付けてくるフィールド・セールスと、社内で見込み顧客に電話をかけて面談のチャンスを拡大するインサイドセールスに分かれます。

まずはマーケット拡大委員会の活動によってアプローチ対象が整理され、接触可能な潜在顧客が浮上します（リード）。インサイドセールスのメンバーは、そこに電話をかけ、面談を希望する人がいたら、フィールドセールスの担当者にその情報を伝え、後を任せます。

電話がつながらなかったり、「（今は）必要ない」と断られてしまったりしたら、その潜在顧客は「リサイクル」のステータスに分類。しかるべき期間が経ったら「リード」に再分類をして、また架電のプロセスへ。

何度か繰り返して先に進まなそうな相手だと判断したら「デッド・エンド」に分類し、働きかけを辞めます。一度面談をして、契約につながらない相手だと判断されたら、その人もここに分類します。

初回の面談を経て、「やっぱり今は必要ない」という反応であれば、「リサイクル」に戻し、またあらためて電話などで接触する機会を待ちます。言うまでもありませんが、結婚や出産などのライフイベントがあれば、また需要が変わってくるかも知れないからです。

面談が好感触であれば、より具体的な商品に踏み込んだコミュニケーションに入っていきます。商品についての具体的な説明を経て、なお関わりを持ちたい（成約の確度が高い）という相手や実際に成約に至った相手には「船に乗って」もらいます。オン・ボード状態に導いていくわけです。

そこで、新しい乗組員に船の内部を案内するように、こちらからマネープランの重要性や保険でできること、さまざまな商品の違いや活用法について情報を提供し、「この代理店でできること」を多彩な方法で伝えていきます。時には電話をかけて、不安や不満がないかも確認し、継続に努めます。

ここは実際に面談したフィールドセールスの従業員とカスタマーサクセス委員会のメンバーの協力体制となります。

各段階における取り組みは、次のように具体化して整理してあります。

具体的な取り組みについて

<table>
<tr><td>企画
(Marketing)</td><td colspan="2">各種セミナーにコードを割り振り顧客管理システム／スプレッドシートにて管理、各企画においての成果管理をしていく。各企画ごとに「獲得リード数」「成約率」「案件単価」「営業時間」「企画経費対獲得ANP」を集計し有効企画に集中していく。企画によっては費用も莫大となっており費用対効果を正確に把握していく。
現在では「各社企画」「オンラインマネーセミナー」「リアルマネーセミナー」「相続セミナー」「自力開催セミナー」などがある。
マーケットにおいても同様に管理していく。紹介、派生のように自働による案件もあるが、CS、ISを含めた他働案件や決裁者マッチング、テレアポ外注など費用がかかっているマーケットもある</td></tr>
<tr><td>獲得リーズ
(LEADS)</td><td colspan="2">リーズ管理。各営業ごとに配信数を集計。リーズ確度を設定し募集生産を高めていく

LEAD 確度の設定
A：顧客の課題（問題）が明確であり、顧客自身もその課題（問題）を解決したい意向がある
B：顧客の課題（問題）が明確であり、顧客もその課題（問題）を認識している
C：顧客の課題（問題）について当方が具体的に想定できる
D：顧客の課題（問題）について具体的に想定できない</td></tr>
<tr><td rowspan="4">アプローチ
(Inside Sales)</td><td colspan="2">既存マーケットと新規マーケットに対してそれぞれのアプローチによりLEADSを育成し有望なLEADSに高めてく</td></tr>
<tr><td>LEVEL 1</td><td>1、顧客とのゴール共有
2、ゴール伴走の為に必要情報の取得
•加入目的の情報（CS 情報）　•メールアドレス
3、定期的なメール配信実施</td></tr>
<tr><td>LEVEL 2</td><td>リードナーチャリング
1、配信メールから顧客ニーズを把握、セグメント分け
2、対象ごとに違ったアプローチを実施、CVRを高めていく</td></tr>
<tr><td>LEVEL 3</td><td>失注となった案件管理からMA（マーケティングオートメーション）によりリサイクルリードの確度を高めていく</td></tr>
<tr><td>契約</td><td colspan="2">顧客管理システムにて、商談によるメモとその他のメモを分けて集計しCVRを算出
$\frac{\text{成約 LEADS}}{\text{LEADS 数（CVR）}}$ ＝成約率
LEAD 確度ごとのCVRから営業研修を行い、短期間でCVRを上げていく</td></tr>
<tr><td>契約・AF
(Inside Sales)</td><td colspan="2">顧客ランクの設定。法人と個人にて別基準
法人 A　ANP：180 万以上 ｜ 個人 A　ANP：120 万以上
法人 B　ANP：120 ～ 180 万 ｜ 個人 B　ANP：60 ～ 120 万
法人 C　ANP：60 ～ 120 万 ｜ 個人 C　ANP：30 ～ 60 万
法人 D　ANP：30 ～ 60 万 ｜ 個人 D　ANP：15 ～ 30 万
法人 E　ANP：～ 30 万 ｜ 個人 E　ANP：～ 15 万
アクションプラン　ランク分け／ランクごとにフォロープロジェクト／ヘルススコア管理➡ CS へ</td></tr>
<tr><td rowspan="3">CS
(カスタマーサクセス)</td><td>LEVEL 1</td><td>1、顧客とのゴール共有
2、ゴール伴走の為に必要情報の取得　•CS 情報　•メールアドレス
3、定期的なメール配信実施</td></tr>
<tr><td>LEVEL 2</td><td>1、配信メールから顧客ニーズを把握、セグメント分け
2、対象ごとに違ったアプローチ（企画、時期）を実施、CVRを高めていく</td></tr>
<tr><td>LEVEL 3</td><td>顧客ごとにヘルススコアをつけ、アプローチの優先順位をつけていく</td></tr>
</table>

電話一本の意義を理解し、価値を最大化する

このような営業体制でのKPIは、例えば「3カ月で150人の顧客をオン・ボーディングに導いていく」といったものになります。

そして、それぞれの担当は「そのために1週間に50件電話をかける」「1週間に15人と面談する」「資産形成に役立つ情報をメールで発信する」「40代の夫婦をメインターゲットにした資産形成セミナーを企画する」などと、さらに具体的な行動目標を受け持つことになります。

このように分業体制の全体像が見えていれば、電話を一本かけることの積み重ねが業績拡大にたしかにつながっていることを実感することができます。「なんで自分ばかりがこんな仕事を」と思うことが減り、雑用や下働きのように感じられる業務でも、意図を持って行うことができるようになります。

意図をもって行えるとは、**効果を意識して行える**ということです。つまり、行動の

質が上がり、結果につながる確率も高くなることが期待できます。

ちなみに、電話をかける業務は、けんもほろろに断られることも少なくなく、ストレスを感じやすいパートでもあります。ただ、そこに重要な意味を持たせたうえで分業を確立させておくことで、プロ意識を持ったコミットメントを引き出すことができます。

全体に貢献している実感を持てるようになるため、「いかにやり過ごすか」ではなく、「いかに攻略するか」というポジティブな関わり方になっていきます。


オン・ボーディングの顧客は、「船」が居心地よく感じれば、口コミで他の人に紹介してくれることもあります。紹介された人の情報は、「リード」のプロセスにわたり、新たにオン・ボーディングへのプロセスに託されます。

スター制の保険代理店では、このようなモデルの大部分をスター営業が自分の可能な範囲で掌握し、マネージしていました。電話をかけたり、メールを配信したりするといった作業を別のスタッフに任せることはありますが、それは自分の手足を拡張しているにすぎません。

つまり、営業担当のそれぞれが、このようなモデルを独自のやり方で体現していたわけです。

「顧客ランク」を適切に育てていく

営業担当がそれぞれの顧客を抱え込んで管理している状態だとしばしば難しくなるのは、オン・ボーディングな顧客への適切な対応です。一人の担当者が成約したすべての顧客とずっと付き合い続けることが当たり前になると、ビジネス上の効果性よりも、属人的な力関係が両者の関係を支配してしまい、停滞が生じてしまう可能性があるからです。

例えば、重要顧客や親族からの紹介で獲得したような顧客は、人間関係上、疎かにはできません。しかし、ビジネスとして考えると、そこまで優先度を高めて対応しなければならない相手ではない、ということは珍しくありません。

とにかく問い合わせが多く対応を求められる顧客がいたら、その対応に追われることになりますが、単価を考えると明らかにそこまで時間を割くべきではない、といった判断もありえます。

あるいは、顧客の**見込み度合いを感覚的に判断していたり、肌感覚で会う／会わないと決めている**せいで、契約規模が小さいのによく面談していたり、契約規模が大きいのになんとなく会うのを後回しにしてしまっている、といったミスマッチが起きている可能性もあります。

営業担当が一人でその交通整理を的確に行うことは、至難の業である場合が少なくありません。率直に言えば「一部の顧客に多くの時間を奪われている」ことに本人も気付かないままでいることもあります。

ビジネスとして考えれば、もっとも大きな契約をしている顧客に時間も手間も割くべきであり、顧客をランク付けするという発想は重要となります。例えば、過去一年の新規契約金額や紹介件数に応じて顧客をA～Eランクに分け、アプローチや対応に要する手段・時間・コストに差をつけるというやり方です。

分業にすることで、顧客対応は紹介を受けて面談した本人が必ず対応しなければな

らないということがなくなります。会社として最適な手厚さの対応を選択しやすくなるので、限られたリソースを効率的に顧客サービスに割り当てることができるようになります。

業績向上はあくまでカスタマーサクセスのため

本末顛倒とすべきでないのは、顧客ランクに応じて対応に差をつけるのは、業績を伸ばすためではなく、あくまでカスタマーサクセスを最大化するためであるという点です。

「同じことじゃないか」と思う人がいるかもしれませんが、これを「売上増のために必要だからやっている」と理解するのか、「より信頼に応えるため。より信頼していただくため」と理解するのかでは、意識が真逆です。

前者であれば、「契約規模の少ない顧客はぞんざいに扱っても構わない」という発想につながりかねません。そうではなく、顧客一人のベストコンディションを生み出すために必要な対応を選択するうえで、**余計な判断要素を極力入れない**ようにする、というところが重要なのです。

いかに顧客のゴールをサポートするのかが保険代理店としての重要な使命であり、そこにおいては声の大きな顧客に振り回されるようなことがあってはいけません。

一方、声が小さくても顧客の思いは的確にすくいとり、伴走していく必要があります。顧客ランクは一度決まったら固定化されるものではなく、常に手入れをし、育てていかなければなりません（ナーチャリング：nurturing）。

従って、顧客をランキングしたときに一番下のEランクだからといって、後回しにしてよいということではありません。ふさわしい対応によって関係性を育て、DやCへとランクアップしてもらえるように関わっていくということです。こうした対応こそが、組織の強みが生かせる部分といえるでしょう。

私の会社では、カスタマーサクセスを次のように定義しています。

真のカスタマーサクセスとは

・ライフプランニング等を通じて顧客の加入目的や夢、希望等を傾聴し保険ビジネスを通じて寄り添い、その実現に向けた伴走支援を行うこと
・顧客にとってのカスタマーサクセスとは、加入目的の成就と適時有効なサービス供給を受けること、その伴走支援を実感することをいう
・「適時」とは、顧客がサービスの受益を最大化できるタイミングをいう
・「サービス供給」とは、給付・保険金請求のみならずWebサービスや家族登録制度、電話による健康相談などの付帯サービスを受けることをいう
・「伴走支援」とは、顧客の趣向やライフスタイルなどに寄り添い、定期的に現況確認をしつつ、必要な情報提供と金融アドバイスを実施することをいう

つまり、状況に応じて「いつ、誰を、何で、どの程度優先すべきか」を常に判断し続けているということです。その上で、会社からの顧客への働きかけに対しては、次のようにスコア化し、一年間でこれを満たすように目標を設定しています。

そこで、フォローアップ担当は、顧客向けのセミナー案内を行ったり、「電話をかける＋FP関連の情報を発信する」といった対応でスコアを満たすように計画します。

契約管理／契約後フォロー

顧客ランクを法人と個人においてランク設定する

法人	個人
法人A　ANP：180万以上	**個人A**　ANP：120万以上
法人B　ANP：120 ～180万	**個人B**　ANP：60 ～ 120万
法人C　ANP：60 ～120万	**個人C**　ANP：30 ～ 60万
法人D　ANP：30 ～ 60万	**個人D**　ANP：15 ～ 30万
法人E　ANP：～ 30万	**個人E**　ANP：～ 15万

※「顧客ランク」の基準。（ANP＝新契約年換算保険料：Annualized New business Premium）

顧客ランクごとの対応　顧客ランクごとに目標スコアを設定

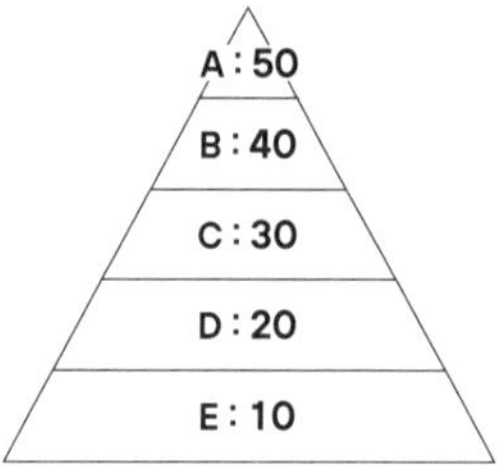

例：
- 年一架電 ： **5**
- 訪問フォロー ： **20**
- 高齢者／特定保険契約者フォロー ： **10**
- 誕生日カード／クリスマスカード ： **5**
- 給付請求訪問 ： **10**
- FP通信 ： **5**
- 既契約者セミナー ： **10**

etc

もちろんこれは常に見直すものですから、決定版というわけではありませんが、このように数値で管理する発想を盛り込むことで、より的確な顧客フォローが可能になっていくわけです。

生産性を数値化する

このように顧客をランキングし、スコア化した必要な働きかけを行っていくなかで、契約件数を増やし、単価を上げていくことが「保険代理店として使命を果たせているかどうか」の指標となります。とはいえ、このような活動を積み重ねていたとしても、売上や利益が拡大していなければ、意味がありません。

そして、たとえ売上や利益が拡大していても、業績につながらないのであれば、それもまた無意味です。

加えて、業績が上がっていたとしても、労力に見合った成果が出ないのであれば、早急に改善する必要があります。要は、より少ない労力で、より高い成果を上げていかなければいけません。

つまり、「生産性」という考え方です。

生産性の高低は、インプットに対するアウトプットの量で決まります。式にすると「生産性＝アウトプット量÷インプット量」です。

投入した資源がより少なく、生産されたものの量がより多ければ、生産性が高いということになります。そこでもっとも大ざっぱな生産性の計算方法として、「生産性＝売上高÷従業員数」や「生産性＝売上高÷総労働時間数（労働者全員の労働時間の合計）」といった式があります。

これを計算すれば、「従業員一人当たりの生産性」や「一時間当たりの生産性」を見ることができ、前期と比較すれば上がった／下がったを確認することもできます。

ただ、このような計算式で営業部門の生産性を出したところで、実はあまり意味はありません。この数字を根拠に上司が営業担当に「生産性を上げろ」と言ったとして、部下は具体的に何をすればよいのかわかりません。結局「売上を増やせ」または「残業を減らせ（ただし、業務は同じだけこなすこと！）」と言われているにすぎないからです。

生産性アップを目指すならば、「何をすれば生産性が上がるのか」が具体的な行動に紐付いていなければなりません。そのためには、「インプット」「アウトプット」の要素を分解して考える必要があります。

保険代理店というビジネスで言えば、会社の生産性は、営業部門では次のように考えることができます。

まず、インプット（＝業績のために投入する資源）は、営業人数・商談件数・一件当たりの商談時間で構成されているとみます。できるだけ少ない営業人数で、できるだけ少ない商談件数で、できるだけ短い商談時間で新規契約を取ることができれば、その分、生産性は向上するわけです。

一方のアウトプット（＝成果として評価するもの）は、売上額そのもの以外も交えて構成する必要があります。

具体的には、見込み数・成約率・案件単価のかけ算です。つまり、案件単価が向上

KPIと生産性指標について

$$\frac{\text{Output}}{\text{Input}} = \frac{\text{見込数（LEADS）} \times \text{成約率（CVR）} \times \text{案件単価}}{\text{営業人数} \times \text{商談件数} \times \text{一件当たりの商談時間}}$$

することはもちろんですが、営業活動の中で見込顧客の情報を増やすことができたり、成約率が向上した変化が見られたりすれば、それもアウトプットと見なすわけです。

見込顧客の数は未来の売上につながるものであり、成約率もまたパフォーマンスの質として評価すべき項目だからです。

そこで、私が考える保険代理店の生産性指標（フィールド・セールス部隊）は上のような式となります。

このような指標を示したうえで「生産性を上げてほしい」と言うのは、単に「売上を出せ」と頭ごなしに命じるのとはまったく意味が異なります。商談の質を上げて回数や時間を短くすることや、見込客の情報を収集するといった活動も成果として評価されることが明示されているからです。

こうすれば、「それでは、どこから手をつければよいのか」を具体的に考えることができ、より細分化したKPIと紐付けることが可能となります。第2章で紹介したようなKPIロジックツリーとの関連で、「今日やるべきこと」が明確になるのです。

さらに会社としては、「営業部隊の生産性を上げるために、どんな活動ができるだろう」という問題提起が可能となります。成約までの商談件数や一人当たりの営業時間を短くし、成約率を上げるには、例えば「代理店の存在をより身近に感じていてもらう」ということが鍵となってきます。

すると、顧客には質の高いアフターフォローやランクごとの働きかけが重要になってくることが理解できます。

このようにして、営業チームがより質の高い営業活動に専念できるように全社で意識していくわけです。

未経験者でも二年でMDRTになれる

このように営業チームのKPIをより具体的に示し、「高い生産性とは何を意味するのか」を明確にすることは、新しい人材がいち早く仕事に慣れ、成果を上げる上で非常に効果的です。「今は何をするべきか」「次に何をするべきか」が明確になった上でPDCAを日々回していくことができるので、成長が早いのです。

初めから期待される活動内容が分解されているため、売上至上主義の考え方が刷り込まれることがありません。「会社のメンバーに貢献できている」という実感や「みんなで顧客によいサービスを提供している」というチーム感を味わいながら仕事を覚えていけるので、自分が成長することは、会社としてよりよいサービスを継続的に提供するためによいことである、という考え方が定着していきます。

特に営業において、「**契約は目的ではなく手段である**」とは、会社の理念上、常に説いているところです。顧客のベストコンディションをサポートすることが会社の存在意義であり、顧客が契約してくれることは、その手段に過ぎないからです。

もし「売上＝評価」という単純な図式で教育をしていたとしたら、新人こそ認められようとして売り急ぎ、顧客の信頼を得るまでに苦労するでしょう。

その意味で、私は失注したときこそ、会社としての品格が問われる場面であると肝に銘じています。顧客が熟慮を重ねて下した決断の結果、契約をしない（他の代理店で契約する）と判断したのなら、それを尊重するべきだからです。

「こんなに説明したのに無駄足だった」「ただ働きをした」のように思いがちですが、むしろ「私の話も答えを出す役に立ったならよかった」と思えるようになりたいものです。


その上でスピード感のある対応を心がけ、いつの時間も平等に大切にすることを新人には教育しています。期末が近づくと焦って慌ただしく顧客を訪問する人が多いのですが、期初の一日と期末の一日は、同じ24時間です。期初なら余裕を持ってあらゆる選択肢を検討し、もっとも効果的なものを選ぶことができます。一日の大切さを理解し、行動に現すことが重要です。

教育ロードマップの運用　FS成長フェーズ

IPC営業の極意

成長のための成長はしない
成長は顧客へ継続的に良いサービスを提供する手段であり、目的ではない。実績の積み上げは目的ではなく手段であり、営業現場でも契約は目的ではなく手段である

もし、一か月前に戻れるとしたら
失注した時、この質問に真摯に向き合い取り組むことで失敗の数がそのままチカラとなる。一流になるために失敗と嫌なことから逃げてはいけない

失注の時こそ会社の品格を問われる
顧客が時間をかけて決めた意思決定を尊重するべきである

スピード感のある営業
営業のスピード感とはレスポンスが速い、自ら提案を持ってくる（顧客が必要だと思うことを想定して先回り）スピード感のない営業はすべてこの逆となる

始まりの一日と期末の一日は同じ24時間
期末になると顧客を訪問して最後のお願いをする営業は多いが、期初ならありとあらゆる選択肢がある。そう考えると一日の大切さが実感できる

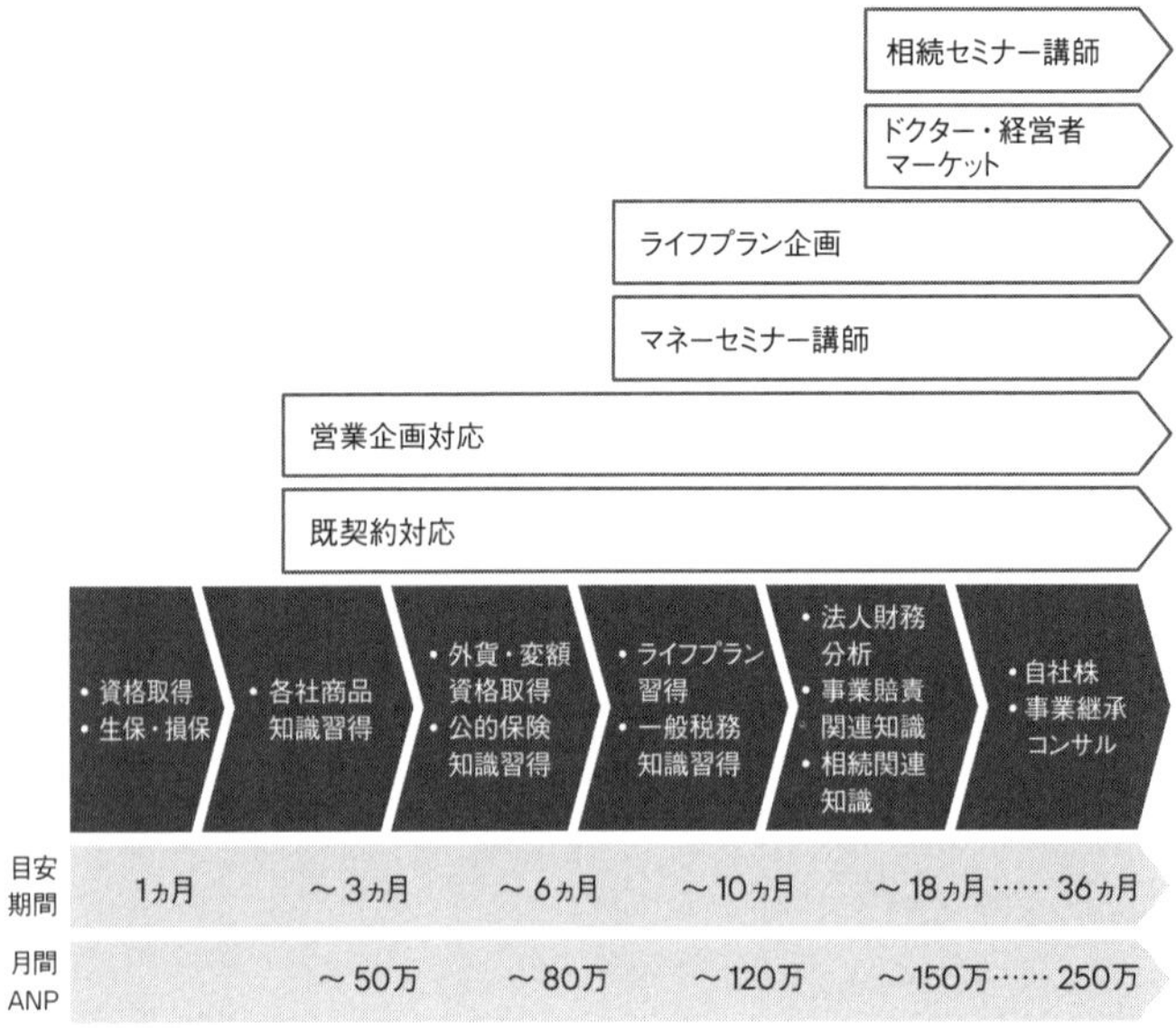

営業に関してこのような指針で新人を教育してきた結果、私の会社では**新卒でも二年くらいで全員がＭＤＲＴ会員**となる程の成長スピードを実現しています。中にはＣＯＴを達成した人もいます。

しかも彼らは固定給で働いており、やりがいと満足を感じて職場に居続けてくれています。彼らは、成約を担当していることでこうした称号を手にする立場になってはいますが、顧客をサポートし、つなぎとめ、契約に導いているのは会社全体での働きかけによるものであることをよく理解してくれているからです。

いわば、**会社を代表してタイトルを獲得している**と感じてくれているのです。

保険代理店の業績拡大で、スーパープレイヤーに頼る必要はありません。アベレージヒッターを次々に育てることで、業務拡大は十分に可能なのです。

第4章

選ばれる保険代理店には「信頼」を生む仕組みがある

顧客だけでなく従業員の信頼を得る努力をしているか

持続的な成長を続けるこれからの保険代理店としてのあるべき姿について、僭越ではありますが、私の会社を一つの例として紹介させていただきました。

直近の実績でいえば、当社は、2019年9月、2020年9月、2021年9月、2022年9月の実績を振り返ると、社員数は8人から15人、21人に増えるなか、契約件数(契約者数)は8833件(4094人)、9865件(4395人)、1万6673件(5544件)、1万5000件(約1万人)超えと順調に増え続けています。

それに伴い、おかげさまで売上高と利益も右肩上がりを続けています。中期計画では「5・5・50」、すなわち**粗利5億、内部留保5億円、社員50人**を達成すべく、第3章で説明したような業務体制のブラッシュアップに取り組んでいます。

「5・5・50」の目標を定めたのは、企業が新規上場するときの最低基準が日本では「時価総額5億円」となっているからでした。会社の上場を目標としているわけではありません。しかし、上場することで広く株主に支えられて経営が許される会社になるということは、この社会で会社が一人前として認められたことを意味すると思う、という理由で上場レベルを一つの基準にしました。

社会に必要とされるからこそ、上場企業として存在できるのであり、少なくともそのレベルに達しなければ会社を経営している意味がないと考えました。

そこで、「内部留保5億」が私の会社では当然の目標となりました。これを達成するために、残りの粗利5億、社員50人という目標も連鎖的に決まっていったわけです。

さて、このような持続可能な成長のために必要な仕組みについて具体的に触れてきたわけですが、そのベースにあるべきものとして経営者が常に意識し続けならないのは、「信頼を得ること」ではないでしょうか。信頼を得るとは、言い換えれば、不安を感じさせないということです。

顧客に対して信頼を得ることについては、よく考えているかもしれませんが、それと同時に大切なことは、従業員の信頼を得ることです。「私はこの会社で働き続けて大丈夫」という信頼を従業員が会社に抱いていれば、従業員はずっと働き続けてくれるでしょう。

逆に、「この職場は信頼できない」となれば、従業員は去っていきます。

信頼とは、未来に対する安心感のことです。経営者は、従業員やその家族の生活を預かる責任者として、従業員の信頼に応えることが大切です。

経営者と従業員の信頼関係は「共感」から始まる

社員との信頼関係を構築する入り口は、言うまでもなく採用の場面です。中小企業の現実問題として、有名な大企業のように優秀な人材から応募が殺到し、そこからよりどりみどりで良い人材を選べるわけではないという事情があります。

そんななか、できるだけ自社に合った人材を、と経営者は考えるわけですが、昨今はハラスメントと言われないように接し方に気をつける必要もあり、「強制的に会社の色に染める」という教育方法はやりづらく、また、効果的ではありません。リスクも大きい時代になっています。

少し強めに注意をすれば「パワーハラスメントだ」と言われ、すぐに辞めてしまいます。逆に、気を遣って柔らかく接しすぎると、生ぬるい職場と感じて離職してしまうこともあります。

「成長したくてこの会社に決めた」という社員は、上司に導いてほしいと思っていて、その意味では「少しは叱ってほしい」という気持ちもあるからです。あまり腫れ物に触るように接していると、張り合いがないという理由で去っていってしまうのです。

つまり、若手人材から言わせれば、**「こちらのやる気が湧くように、ちょうどいい按配で厳しく接してほしい」**というわけです。当然、「そんな難しいことできない」と思う上司や経営者もいるでしょう。でもそれは、若手人材との向き合い方を「上司のコミュニケーション力」のようなスキルの問題として捉えているからです。

会社には理念や働き方があり、どんなに小さな組織でも社風というものがあります。重要なのは、自主的にそれらに合わせていきたい、という思いを新人から引き出すことなのです。

そこで重要なのは「共感」です。

なぜ新しく人材を採用するかといえば、そこに人と人とのシナジー効果を期待しているからです。単にある業務を特定のスキルを用いて処理してほしいだけなら、業務委託の方が効率的です。必要な時に必要な量の処理能力を買うことができるわけですから、無駄がありません。

そうではなくて、あえてあらかじめスキルを持たない新卒社員を採用するのは、想定外のプラス効果を期待しているからです。

人間はモチベーションが高ければ高いほど、精力的かつクリエイティブに仕事に取り組みます。一つの任務を与えたら、そこからさまざまな課題を発見し、解決し、ビジネスの成長機会に結びつけてくれることもあります。

なぜなら、仕事に対して前向きな意欲があるからです。業務委託には、このような効果は原則、期待できません（もちろんそれで構わないわけですが）。

採用は「選ぶ」のではなく「見てもらう」

採用というと、経営者はその名の通り、「いい人を採る」機会と考えてしまいがちですが、それはもったいないことだと思います。会社側としては、応募した時点でその人がすでに「うちの会社に入りたい」と思っていることを前提としがちですが、それは誤解です。

応募者にとって採用プロセスとは、応募した会社のことを理解していくプロセスです。むしろ「この会社で大丈夫だろうか？」と、迷いと不安を感じながらも応募し、説明会や面接に訪れている人のほうが多いのです。会社に対する応募した側の気持ちを率直に言えば、「安心させてほしい」なのです。

従って、良い採用のためには、少しでも自社に興味のある人達に向けて、経営者が理念や使命、ビジョン、事業を通して社会に提供したい価値を訴え、どれだけ応募者たちの心に火をつけられるかが勝負だと言えるでしょう。

新卒の企業説明会で重要なのは、事業に対する熱量を経営者が自ら示すこと。会社の考え方を経営者が自分の言葉で語り、そこに共感してくれる人は一緒にやりませんかと、若い人達に訴えるのです。

そうして会社が創りたい未来に共感してくれる人を迎え入れることで、成長意欲が高く、くじけにくい人材をメンバーに加えることができるのです。

そのため私の会社では、面接の段階で、**職場のネガティブな面**も率直に伝えます。「ミッション」「ビジョン」「バリュー」は理想ですが、仕事は現実です。綺麗事では通用しないこともありますし、嫌なことや大変なことも当然あります。

もちろんその状態に甘んじているわけではありませんが、道半ばである以上、仕事では避けられないストレスも当然、生じます。そこは包み隠さず「こういう場面もあるけど大丈夫？」と伝えることで、「それでも働いてみたい」と言ってくれる人を歓迎するためです。

「能力×理念×共感」のない人材が組織を破壊する

能力や人柄の面で、こちらがどんなに「いいな」と思う人でも、「ミッション」「ビジョン」「バリュー」にあまり響かない人がいます。成績が優秀なので面接も順調に進むのですが、そういう人は採用しないほうがよいでしょう。

面接の担当者が「この人は優秀ですよ」と私に推した新卒生と話をし、社長面接で実際に採用しなかった例もあります。あらためて会社の思いを語ったとき、あまり響いていている様子を感じなかったからです。

このような人を採用すると、職場で扱いに困ってしまう可能性があります。優秀ゆえに与えられた仕事はこなすけれど、そこから一歩踏み出して何か新しいことを生み出したり、良い変化をもたらそうとするまでには行動してくれない。

会社の「ミッション」「ビジョン」「バリュー」に共感があれば、それ自体が行動の動機になるところで、それがないからです。「優秀な人を採用したのに、うまくいかなかった」というのは、**人を採ることを急ぎすぎた**ことに原因がある場合が多いのではないかと思います。

特に私の会社の場合、「保険の営業マンの仕事は保険商品をたくさん売ること（そして自分自身もたくさん稼ぐこと）」という理解では、一緒に働くことはできないと、会社説明会の段階でしっかりプレゼンテーションします。

金融商品のプロとして、第一の使命は顧客の人生のベストコンディションをサポートすること。つまり、カスタマーサクセスの実現に寄与することが会社の存在意義であり、そこに共感してくれる人と一緒に仕事をしたいと訴えるのです。

この考え方に共感してもらえない人は、いかに**高スペックな人材でも採用はしません**。採用のプロセスで最低限必要とされる能力はもちろん見ていきますが、それよりも「会社の理念に共感しているかどうか」を慎重に見定めることに重きを置いています。

即戦力の人材が会社の長期的成長を妨げる？

私が中途採用よりも新卒採用に積極的なのは、「共感」をベースにその人が成長してくれるほうが、業務内容をよく知っていて「出来上がっている人」を採用するよりも、中長期的には会社の成長にはプラスだと考えているからです。

中途採用にまつわる経営者の思惑は、突き詰めればシンプルです。手が足りないので、すでに**「出来上がった人」をできるだけ安く雇いたい**。多くの経営者の本音は、これに尽きます。

逆に、保険営業の中途採用に応募してくる人も多くの場合、「できるだけ多く報酬を得たい。もっと自分の顧客を増やして収入を増やしたい」という理由で会社を選びます。

結局、「いくら払うか」「いくらもらうか」のせめぎ合いになるだけの場合が多いのです。経営者が、顧客層の発掘（マーケティング）に成功していて、そこに向けてアプローチする人材が足りない、というのであれば、中途採用で営業人材を調達することは、近々の売上増のためには効果的といえるでしょう。その人は即戦力として活躍してもらえそうです。

では、会社が「業務のあり方を見直し、今までにない価値を提供していきたい」と考えている場合はどうでしょうか。今まではやれてこなかった、しかし、これからはやっていきたい業務を行うことで、自ら掲げた存在意義と使命をより体現できる組織になっていきたい。そこには当然、試行錯誤が伴います。

「目先の結果にはならないが、たしかに意義がある活動である」と本人も周囲も同意していなければ、このような仕事に打ち込むことはできないでしょう。

中途採用の人材は、自分の居場所を確立するまでは、特にわかりやすく自分の評価につながる仕事を求めがちです。

しかし、それを許してしまえば、会社の理念とソリの合わない言動を容認することになったり、理念実現の観点から考える物事の優先順位とは整合性のとれない仕事の割り振りが生じる可能性があります。

その結果、ビジネスの加速のために行った**即戦力の採用が、組織の本質的な成長速**

度を遅くする要因となってしまう場合があるのです。

「この会社で安心」をマネープランから支援する

会社と従業員の信頼関係を育てるとは、経営者側の言い方をすれば、従業員の帰属意識を高めることになります。帰属意識とは、シンプルに言い換えると、「私はこの会社で働き続けていて大丈夫」と安心していられる感覚のことです。

従業員は、会社に不満や不安があると離職を考えます。その理由の多くは「給料が安い」になりますが、これはもう少し分解すると「働きに見合ったお金をもらえていない」という思いであり、さらに踏み込んで言えば「このままでは将来が不安」という気持ちが根っこにあるといえます。

「給料が上がっていく仕組みは、人事評価制度として、きちんと設けている」と経営者は言うかもしれませんが、それは目先の話です。将来に不安を感じていれば、いくら経営者が「十分に支払っている」と主張しても、従業員は落ち着いて仕事に打ち込むことはできないでしょう。

「この職場でずっと働いていても大丈夫なのか？」と考え始めたら、もう止まりません。「もっと良い条件の職場はないか」と探し始めてしまうのです。

そう考える従業員の多くは、なにも年収数千万円のプレイヤーに自分もなりたいとか、何億円もの資産を形成したいと思っているわけではありません。将来のお金に対する不安が解消できれば、それ以上を望んでいるわけではないのです。

ただし解消されない場合、そのもやもやは「会社への不満」という形で認識されることになるのです。

そこで何が重要かといえば、**社員への金融教育**です。特に若手人材に対して、資産形成の考え方をしっかり教えることで、「この会社の給料で働き続けても、将来は十分な資産をつくれる」と確信を持ってもらうことができます。

真の福利厚生は「金融教育」を与えること

「この会社には将来に十分な資産形成をする仕組みがある」という事実が従業員を安心させます。「衣食足りて礼節を知る」と言いますが、長期的な理念のことを考えて目先の売上や利益よりも「正しい」選択ができるようになるには、精神的に安定した状態が必要です。これを従業員の間に醸成するには、そのための福利厚生が不可欠です。

福利厚生というと、法定外のものとしては、交通費や家賃の補助、健康診断や人間ドックの費用負担、育児・介護に関わる費用の支援、病気やケガ、慶弔・災害時などの見舞金、資格試験や研修などの費用補助、社員旅行や運動会、レクリエーション施設の提供などが挙げられます。

そのほか、会社によってはさまざまな制度や補助を導入し、そのユニークさで注目を集めているところもあります。

そんななか、私がもっとも本質的だと考えている福利厚生は、資産形成に関する金融教育です。「この会社で働き続けても、老後まで大丈夫」と確信を持っていられることほど、今の人生を充実させるものはないからです。

銀行の超低金利が長年続き、「自分で資産形成することが重要だ」と考えている人は増えてきたものの、いまだに「とにかく銀行預金での貯金が大事」という人も少なくありません。

しかし、ただ貯金をするだけというのは、実は大きな機会損失につながっています。それどころか、資産が大きく減ってしまうリスクすらあります。

「老後には最低でも2000万円が必要だ」ということで、例えば、35歳の人が30年後に2000万円を貯金で築こうと思ったら、毎月6万円の貯金を続けなければなりません。物価や税金が現代のままならそれでもよいかもしれませんが、平均寿命は延び続け、国民年金保険料が上がり続けている世の中です。消費税も3%⇩5%⇩8%⇩10%と上がり続けてきました。

医療や福祉の財源はこれからも逼迫するでしょうから、こうした国民負担は増えるばかりで、減ることはないでしょう。

さらに、物価が上昇してインフレとなれば、お金の価値はそのぶん減ります。1万

現金試算月割り表

（単位:万円）

現金	1000万	2000万	3000万	5000万	1億	2億	3億	4億	5億
1年	83	170	250	420	830	1660	2490	3330	4150
2年	42	83	130	210	420	830	1250	1670	2080
3年	27	55	83	140	280	560	830	1110	1380
4年	21	41	62	100	210	420	630	830	1040
5年	16	33	51	83	170	330	500	670	830
10年	8	16	25	41	83	170	250	330	420
15年	5	11	17	28	56	110	170	220	280
20年	4	8	13	21	42	84	130	170	210
25年	3.3	7	10	17	33	67	100	130	170
30年	2.7	6	8	14	28	56	83	110	140
35年	2.4	5	7	12	24	48	71	95	120
40年	2.1	4	6	10	21	42	63	83	100

円で買えた商品が1％のインフレによって1万100円になれば、もう同じ1万円でその商品とは交換できません。このように毎年1％のインフレが起これば、30年後に1万円は約7400円の価値しかなくなってしまいます。もし毎年2％のインフレが起こったら、今の1万円は30年後には5500円になってしまうのです。

つまり、**貯金をしているだけだと、むしろ資産が減ってしまう**というリスクがあるわけです。

ただ、もし銀行の金利が上がれば、この事態は防ぐことができます。インフレ率よりも金利が高ければ、貯金額はそのぶん増えていくことになるからです（インフレ率のほうが高ければ、その逆）。では、日本の金利がそれほど十分に上がることは期待できるでしょうか。

これは合理的に考えると、その可能性は非常に低いといえます。なぜなら、日本銀行が金利を上げると、国債が値下がりし、国債を大量に購入している銀行の資産価値が減少するからです。

銀行には自己資本比率を一定以上に保たなければならないルール（ＢＩＳ規制）があ

りますから、保有資産が目減りすると、企業に貸し付けていたお金を回収するなどして、自己資本比率の維持に走ります。こうして貸し剥がしなどが起これば経済が混乱する恐れがあり、日銀はそう簡単には金利を上げることができないのです。

つまり、「貯金して将来に備える」という考え方は、堅実なようで、実は非常に危ない選択ということになります。

そこで必要になるのが「運用」という考え方です。

なかでも、投資信託によって資産を殖やすという考え方は、非常に有効です。外貨預金や株式投資、FXなどの方法もありますが、リスクの大きさ、必要とされる専門知識や即時性の観点からすれば、投資信託の活用がもっとも賢明といえるでしょう。

「投資信託も値下がりすることがある」という人もいますが、それは短期的に見た場合の話です。成長が期待される複数の企業の株式に対してプロが投資することに自分の資金を預ける投資信託では、商品によってリスクに幅はあるものの、原則として、世界の経済成長（各国のGDP成長と、それに相関する株価の上昇）に足並みを揃えて資産は増えていきます。

1969年12月末を100としています。
※今後の市場やリターンを予想したり保証したりする物ではありません。

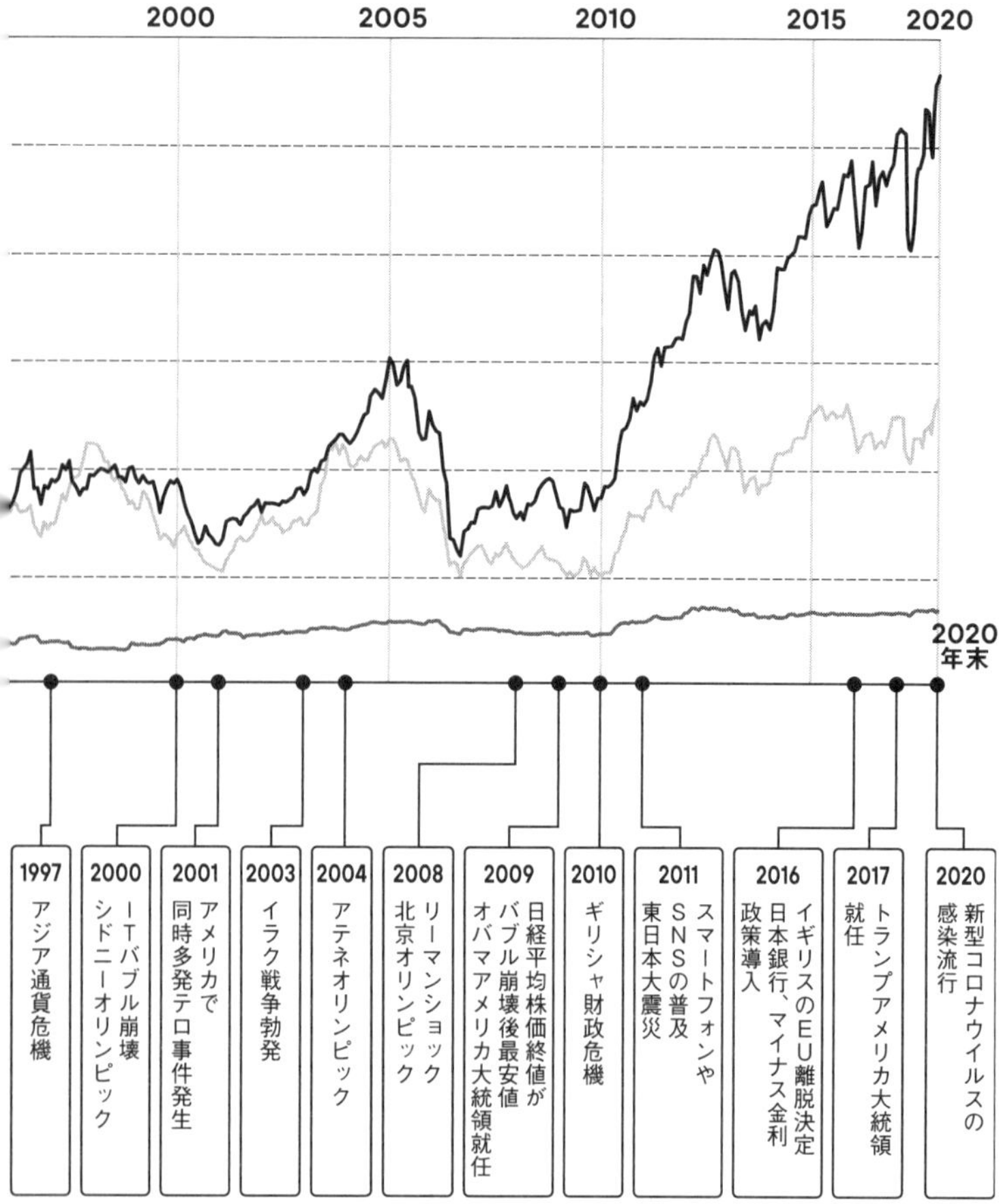

世界の経済

外国株式、外国債券、国内株式の推移

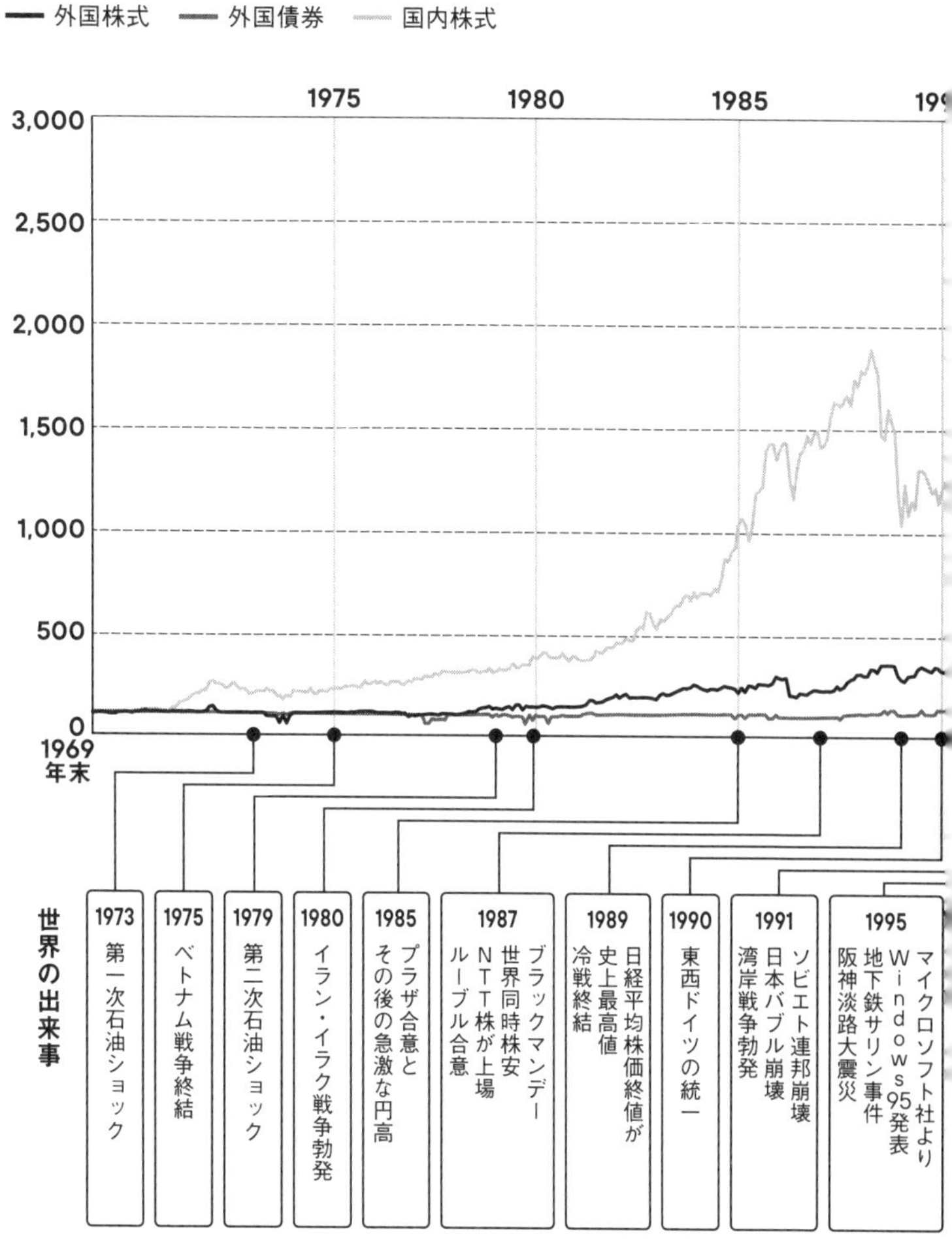

外国株式
外国債券
国内株式
1975
1980
1985
3,000
2,500
2,000
1,500
1,000
500
0
1969
年末
世界の出来事
1973 第一次石油ショック
1975 ベトナム戦争終結
1979 第二次石油ショック
1980 イラン・イラク戦争勃発
1985 プラザ合意と その後の急激な円高
1987 ブラックマンデー 世界同時株安 NTT株が上場 ルーブル合意
1989 日経平均株価終値が 史上最高値 冷戦終結
1990 東西ドイツの統一
1991 ソビエト連邦崩壊 日本バブル崩壊 湾岸戦争勃発
1995 マイクロソフト社より Windows95発表 地下鉄サリン事件 阪神淡路大震災

実際、先進国株価指数をベースに1980年〜2020年まで積み立て投資をした場合、平均収益率は年7・5%だった、という報告もあります。

世界経済はブラックマンデー、バブル崩壊、アジア通貨危機、ITバブル崩壊、サブプライムローン問題など、さまざまなインシデントを経験してきましたし、その度に株価は暴落しました。

しかし、必ず復活し、世界全体の資産価値は増大しているのです。

投資信託とは、**世界経済に投資することができる金融商品**です。「世界経済は長期的には成長している」ということをきちんと理解していれば、「長期的な資産形成は投資信託で大丈夫」と安心して構えていられるのです。

金融教育というと、株価や金融商品の値動きを予想する知識を学ぶことのように思いがちですが、そうではありません。短期的な利益を上げたいなら、そうした知識は必要ですが、老後に安心できる資産を築きたいということであれば、「長期・分散・積立」で投資する、すなわち、優良な投資信託にお金を預けていればOKなのです。

この考え方さえ知っていれば、30代半ばのパート主婦が老後に一億円の資産を築くことも決して不可能ではありません。

企業型の確定拠出年金制度（企業型ＤＣ）の真価は、このような金融教育を踏まえて初めて従業員にも伝わります。

企業型ＤＣは従業員にとっては節税効果があり、経営者にとっては掛金が社会保険料の算定に含まれないため、社会保険料の法人負担の削減につながります。掛金を全額損金として計上できるうえ、運用益にも現在は課税はなし。

一方、受け取り時に一定の非課税枠があるのは、従業員にとってメリットとなります。制度上、企業側にも従業員側にも利点の多い企業型ＤＣの活用を推奨していくことが、価値の高い福利厚生だと、私は思います。

このような金融教育がなく、成功した個人投資家のマネをして株の売買で手早くお金を殖やそうとするのは、本末顚倒といえるでしょう。

それで資産を逆に減らしたり、仕事が疎かになるようでは、人生を充実させるどころではなくなってしまうからです。

正しい金融教育を通し、「資産を殖やすには、信頼できる専門家に運用を任せておくのがもっとも確実」という確信を持ちながら、企業型DCなどに掛金を預けていられれば、「お金のことが心配」という理由で会社に不満や不信感を抱くことは確実に減っていくでしょう。

今のままの暮らしで老後の20年、30年も安心して生活できると確認できていることが、職場における心理的安全性の醸成には不可欠なのです。

ちなみに私の会社では、**企業型ＤＣへの従業員の加入率は１００％**です。多くの企業で企業型ＤＣは推奨されていると思いますが、もし加入率が伸び悩んでいる企業があるとしたら、従業員の金融教育が足りていないということかもしれません。ひいては、その企業が信頼されていないという一面の表れでもあるといえるでしょう。

「会社が薦める企業型ＤＣは信用できないから、私は自分で貯金をしておく」と考える従業員がいたら、これは非常に問題です。単なる貯金では、20年後、30年後の物価上昇に負けて、せっかくの苦労が２割減、３割減、下手をすれば半減の収穫にもなりかねないからです。

仮に企業型DCを活用していなくても、資産形成には投資信託の力を入れることは必須である。それを十分に理解していることが重要なのです。

会社としては、せっかく採用した人材は、採用・教育コストや効果性の面からも、できるだけ長く働いてほしいものです。ならば、経営者はいかに「この会社で長く働けてよかった」と思ってもらうのかに心を砕くべきでしょう。

会社によっては、ユニークな福利厚生を設けて社員を楽しませたり、メディアの注目を浴びて人を集めようとしているところもあるようですが、私はそれよりも**「将来の安心」で応える**ほうが従業員に対して誠実ではないかと思います。

それには「この会社で十分な資産形成ができる」「退社のリスクを考えたら、ここに長く勤めたほうがよい」という確信と方法を与えるほうが、はるかに効果的だといえるでしょう。

ますます重要になる顧客との信頼関係

少子高齢化や晩婚化、非婚化などで社会はさまざまに変化していますが、保険の本質が変わるわけではありません。顧客それぞれの人生が常にベストコンディションであるように、ベストの選択ができることをサポートするだけです。

ただ、近い将来、保険業界に大きな転機が訪れるとしたら、第1章でも触れたように、それは販売手数料（コミッション・フィー）の開示でしょう。コミッションが隠されているからこそ、顧客にとってベストではない――端的に言えば、質の悪い保険商品が横行していた事実は否定できません。

国内の保険業界は40数社で、生保・損保を合わせると約50兆円の市場です。そこに約16万5０００店もの保険代理店が紐付いているわけですが、もし手数料の開示が行われたら、保険会社も代理店も、そのインパクトによって半分以下になってしまうでしょう。これは前述のとおり、実際にアメリカやイギリスで起きている事実です。

顧客に隠したコミッションで売上を増やすというビジネスモデルがすべて崩壊するわけですから、その衝撃は測り知れないものになるはずです。もちろんＧＤＰにも大きく影響しますので、金融庁はできるだけソフトに改革するつもりだろうと思いますが、手数料透明化の流れが止まる、あるいは逆行するということにはならないことが確実視されています。

そのとき、保険を売る者の言葉がすべてきれいごとになってしまわないか。「老後にゆとりと安心を」「家族への愛を形に」などなど、保険業界は美辞麗句を並べてきましたが、それが手数料が明らかになった途端、瞬時に空疎なものと顧客に見なされてしまう可能性もあるのです。

「手数料を支払ってでも、この保険に入る価値がある」といかに思ってもらえるか。誰もが同じ商品を売っているからこそ、「**同じ手数料を払うなら、この人に（この代理店に）頼みたい**」と思ってもらえるか。

それが今後、ますますシビアに問われてくることになるでしょう。

事業承継をコンサルティングする信頼を得られるか

特に、今後は相続にまつわる保険の需要はさらに拡大していくことが確実です。同時に、事業承継を保険がどのようにサポートしていくのかについても、需要は増していくでしょう。

事業を単に継続していくだけなら問題ない場合でも、事業承継が生じると、株を移動させたりするためにまとまった現金が必要になってきます。保険という仕組みの非常に素晴らしいところは、**突発的に必要となった現金を生み出せる**こと。それを利用して引退する経営者と会社を引き継ぐ経営者を支えていくことは、法人向けの保険営業にとって、重要な役割と言えるでしょう。

ただし、特に創業者は自分の会社に対して我が子のような思い入れがあるため、そこに喰い込んでいくことは簡単ではありません。長年のやりくりの積み重ねによって正確な会社の資産状況が帳簿とかけ離れている場合も少なくないため、これを整理する必要があります。

それと同時に、**会社を手放すための準備の伴走**をしていくのです。このとき引退する創業者には、その後のゆとりのために、ある程度の現金が残るような建て付けも必要です。

零細企業の場合、経営者自身の個人資産と会社の資産の貸し借りが入り乱れている場合も多く、個人向けの保険営業の場合よりもはるかに深く相手の財産状況に入っていかなければならないこともあります。引退する経営者の心情も慮りながら、現実的な落としどころを見つけていく過程は、非常に繊細で気を遣う場面がしばしばあります。

顧問税理士は会社の数字のプロですが、経営者の引退後の人生まで考えてお金の相談に乗ってくれるわけではありません。

「供に全体の絵を描く」という作業から、必要な手立てや準備を考えて行くことは、保険営業ならではの役割なのです。

ただし、その役割を委ねてもらえるかどうかは、創業者の分身ともいえる会社の行く末を任せてもよいと思われるほどの信頼を得られるかにかかっています。

これからの時代、保険を売るというビジネスで事業を拡大しようと思うならば、「いかにして信頼を得るか」が、ますます問われてくるのです。

顧客の信頼を得るための「三つのレベル」

保険営業の一般論として、個人向けの営業をイメージした話をすると、保険ビジネスにおいて信頼を深めていくやり方には三つのレベルがあると思っています。順に説明していきましょう。

―レベル1― 気が向いたときにアクセスしてもらえる

まず第1のレベルとして重要なのは、直ぐに問い合わせてもらえること。一人ひとりにいろんなライフサイクルがあるなかで、ふと将来のお金について不安になったとき、人はどうするかといえば、「手近な人に聞く」という行動をとることが一般的でしょう。

家にいて「蕎麦が食べたい」と思えば、近所でよく見かける蕎麦屋を思い出し、電話番号を検索して電話をかけるようなものです。宅配ピザや宅配寿司がよくポストにチラシを投函しているのは、「手元にある情報で問い合わせる」というのが、人間にとっていちばん自然な行為だからです。

保険営業でいえば、将来のお金のことが気になったら、とりあえず名前を思い出してもらうこと。そして「電話番号はどこだっけ?」と名刺を探して電話をかけてもらえるようなら、レベル1の信頼関係は確保できているという状態です。

「すぐ側にあって、気軽に問い合わせられる」という状態を作り出すためには、携帯のショートメールやLINEを使った配信も有効です。LINE登録をしてもらい、情報発信を続けていけば、その人のタイミングで問い合わせがくることもあります。

半年、一年と音沙汰がなかったとしても、無駄ではありません。発信の積み重ねによって、そういうメッセージに慣れ、親しみを感じるようになっているからです。もちろん相手によっては、郵送によるダイレクトメールも有効でしょう。

ただ、特にＬＩＮＥは自分の端末に届くというプライベート感が効果的な側面があります。営業する側としては、アンケートなどで顧客情報を集めやすいというメリットもあります。

セミナーなどの案内も送り続けていると、不意に申し込みが入ることがあります。郵送のダイレクトメールだと申し込みもひと手間ですが、ＬＩＮＥのメッセージからであれば、手軽な印象となります。

このようにレスポンスが発生した段階で、相手はオン・ボーディングの顧客となります。大学、就職、結婚など、その人や家族のライフステージにあった情報を選択的に発信することで、より個別の関心に対して応えることが可能となり、顧客の需要を的確にカバーすることが可能となっていきます。

―レベル２― 顧客の不安に選択肢で応える

レベル１の信頼を獲得している顧客からは、やがてセミナーや面談などによって話を聞く機会を得ます。そこで初めて具体的な心配や不安をヒアリングするわけですが、ここで十分に傾聴し、より希望にあった未来の可能性を提示することができれば、

「相談してよかった」という感想を抱いてもらうことができます。

大学、就職、結婚、子育て、住宅購入、教育費、相続など、人生にはさまざまなライフステージがありますが、それらについて、どのようにしたいのか、どのようにできるのかを多様に見せ、「自分で選択できる」、そして「確かに実現できる」という実感を持ってもらうことができれば、成約へとつながっていくでしょう。

離婚や死別といったネガティブな可能性についても、起こり得ることと、取り得る選択肢を包み隠さず提示することで、話を聞いた顧客は「**保険を用いて自分で解決する**」という気持ちになっていきます。自分の人生を創造するうえで、保険の重要性を理解し、将来に備えておくための行動として、「保険に入る」という選択をするのです。

この段階では、例えば離婚を考えている人には、離婚に強い弁護士を紹介するなど、別の専門家に相談してみることを促す場合もあります。ときには、特定の病気に詳しい医師を紹介したり、治療法を一緒に探すこともあります。

「保険に入ってもらう」ことをゴールに設定すると、遠回りというか無駄な作業のようにも見えますが、顧客の信頼を得ることを最優先事項にするならば、むしろ当然の対応といえます。

そうすることで、顧客に一つでも多くの希望と選択肢を提供することが、その人の人生に最善のサポートを提供するには必要だからです。この結果、本人や家族は、より具体的に将来の可能性をイメージし、選択肢と向き合うことができます。

その上で、「どの保険を使うのか」を決めてもらうことが重要であることを理解してもらうのです。

いわば、保険を利用することの意義を体験を通して学んでもらうプロセスであるともいえるでしょう。

レベル3 「この人でなければダメ」の地位を得る

通常の保険営業を行っていれば、レベル2までの信頼を得ることは、それほど難しいことではないと思います。その先のレベル3の信頼は、実際に保険を通して「助かった！」という経験を経て獲得できる信頼です。

レベル2の段階で示した選択肢の中から顧客がどれかの選択をした後、それによって「保険に入っていて正解だった」となれば、そこからより強固な信頼を獲得できるわけです。離婚時のマネープランや相続関係のサポートなどの、深刻な悩みを持つタイミングに保険で役に立てると、よりこの段階に上がっていきやすくなるでしょう。

法人営業では、事業承継のように複雑で規模の大きな案件が、より厚い信頼を得る機会となり得ます。

その意味では、レベル3の信頼を得ることは、意図的に実現できるものではないともいえます。レベル2の顧客に対し、いかに誠実に幅広く、柔軟な選択肢を提供しながら顧客に寄り添ってきたか。その積み重ねによって、ある日、顧客は「この人に頼って正解だった」という経験をすることがあるのです。

相続などの場面では、保険の人間が弁護士、司法書士、税理士などの士業に渡りを付け、顧客の意向を伝えて業務を遂行してもらうことも少なくありません。顧客の意向の代弁者として、士業の協力を仰ぐという立ち位置を担当することも少なくないのです。

この信頼を獲得すると、「**お金と保障の相談はこの人しかいない**」という地位を獲得することができます。顧客は家族や知人などに「この人がいいよ」と勧めてくれ、口コミで顧客を広げていけるようになるでしょう。

レベル3の信頼を得るほどの保険営業になることは、決して簡単なことではありません。とはいえ、選ばれた人にしかできない難しいことというわけでもありません。ポイントとして重要なのは、仕事を長く続けること。一人の顧客と長く付き合い続けなければ、深い悩み、思いや不安はなかなか打ち明けてもらえるものではないからです。

だから経営者として描く競争戦略としても、「長く人が辞めない保険代理店をつくる」というのは、重要なのです。私の会社では、面談や電話など、対応の種類によって顧客とやりとりをする担当は変わりますが、内部で顧客の情報をしっかり共有していることを大切にしています。

やりとりのなかで、顧客が「Aさんに伝えたことが、Bさんにも伝わっていた」ということを確認できれば、面談と窓口の担当者が違っていても安心できます。

また、レベル3の信頼は、いわば無条件の信頼であるとも言えます。

ある需要に対して、保険商品のAとBが二つあったとき、営業担当が「Aが有利ですよ」と言えば、「それじゃAで」と即座に決めるような関係です。

なぜそのような関係でいられるかというと、営業する側がお金に関する顧客のゴールを十分理解できているからです。営業担当が顧客にとって何が必要で、何がいらないかを十分理解している。

そのことを顧客も理解しているから、提案が即座に受け入れられるという関係が成り立つのです。

このように提案に疑いの余地がないことは、営業と顧客のもっとも理想的な関係といえるでしょう。

「信頼しているこの人から買う」ということが、顧客の安心感になっています。人間は数年～数十年先の未来を具体的に想像することが得意ではありません。だからこそ、お金のことについても、つい情で動いてしまいがちですが、そこに理を説いて適切な選択肢を提供していくのが保険営業の役割です。

そこに信頼関係が生まれたとき、顧客はまた情に頼り、「この人から買いたい」という**感覚的な選択をする**ようになっていくのです。

ここまでの信頼を得た保険営業は責任が重大です。特に病気や入院、相続などが絡む深刻なライフイベントにおいて委ねられることも多いので、勉強不足でいざというときに顧客に不利益をもたらすようなことがあってはならないからです。

例えば、亡くなった夫の入院費を保険で請求したばかりに、夫の借金（マイナスの遺産）も相続することとなり、かえって顧客を困窮に陥れてしまうことがあります。あるいは、シングルマザーが小さな子供を遺産の受取人にしていたせいで、不慮の事故で母親が亡くなったとき、成人していない子供は契約手続きもできず、遺産が受け取れなくて困ってしまうこともあります。

レベル3の信頼で委ねられていたせいで、知らずに顧客を裏切ってしまう可能性は決してゼロではないのです。

高い信頼を得るほど、ビジネスとしては拡大します。しかし、それだけ人の人生を狂わせてしまう危険もあることは忘れてはなりません。

このように、保険販売というビジネスで「信頼」が大きな鍵を握っています。それは保障の場面で「いかに信頼を裏切らないか」が問われていることと同義であることを肝に銘じておかなければなりません。

第5章

経営者が決意すれば、どんな代理店も変われる【コンサル事例集】

ここからは、私が保険代理店を改革するコンサルティングに実際に関わった実例を紹介します。

この先の経営に不安を抱える保険代理店でも、やり方によって売上を伸ばし、再度飛躍することができると知っていただければと思います。

事例① 8人の代理店が1年半で売上3倍に

創業年：1990年
売上高：5000万〜6000万円
社員数：8人

保険代理店A社の社長のAさんは、自身を含めた8名の保険代理店を経営していました。Aさんの一番の悩みは、売上が伸び悩むなか、営業メンバーの高齢化が進み、さらに事業の継続が厳しくなりつつあることでした。

この規模の代理店ですから、スタープレイヤーを一人雇うことができれば、一気に経営は改善に向かいますが、そういう人には高い報酬を支払う必要があります。しかし、取り扱い商品が少ないせいで、フルコミッション型の成果報酬を用意したとしても、力のある営業マンには魅力的な報酬をオファーできない状況でした。

事業が停滞するなか、新しい人を採用することもできず、人を育てることができません。事業拡大のためには新しい試みも必要ですが、それは「仕事が増える」と従業員が嫌がります。Aさんは給料と休みの面で従業員が不満を抱いていることを感じていて、イレギュラーなことはすべて自分が対応していました。**経営者が常に一番忙しい**という状態になっていたのです。

こんな現状を脱却したいAさんは、私の経営する代理店が新人を毎年採用しながら業績を伸ばし、会社の規模も拡大していることを知り、声をかけてきました。もともとAさんのことは、業界の交流会のツテを通して、顔見知りではありました。

Aさんの代理店にとって一番よいことは、社員の給料を上げながら、人を採用していけるようになること。そこで、まずは今のメンバーが意欲的に仕事に取り組み、

「こんな会社にしたい」「自分はこんな風に仕事を広げていきたい」などと話し合いながら意思決定をしていける環境を整えることを目指しました。

そのためには、第2章でも説明した通り、会社にとってよい行動を引き出すために、人事評価制度を一新する必要があります。会社の「ミッション」「ビジョン」「バリュー」を整理し、「会社としてあるべき理想の姿」を明確に描き出し、共有することが求められます。

私はAさんと向き合い、保険ビジネスへの思いや代理店の理想的な立ち位置などについて、思いを聞きました。Aさんが考える会社のゴール、そこに到達するためには、どんなプロセスが必要か。長期目標から逆算して、中期目標、短期目標を描き出し、メンバーとの共有を目指しました。

やがて、会社としてやるべきことが明確になり、個々人のKPIの定義も進みました。すると業務の質が上がり、成約率などに表れてきたことで、報酬のアップにも繋がり始めたのです。

約半年の道のりでしたが、これでメンバーは、個々で思うように活動するよりも、意識を一つにまとめ、一つのゴールに向かって協力するほうが自分たちにメリットがあることを学習しました。

目的を共有することで熱量を引き出し、個人の目標は頑張ればギリギリクリアできるラインを一人ひとりの合意によって設定していきました。さらに半年経つと、営業研修・成果指標作り・採用も徐々にうまく回り始めたのです。


理念を共有することで、「我々はこの方面で成長する必要がある」との意見がまとまり、学ぶ意欲が高まったこと、自分だけでなく互いの行動への関心が高まり、それが正しく成果につながっているかを確かめようとする意識が高まったこと、そしてその結果、「さらに業績を伸ばすにはこんな人材が欲しい」という話題で意見交換する土壌が整っていったおかげです。

新人の採用は応募者の品定めの場ではなく、自社の理念のプレゼンテーションの場となりました。すると、思いに共感して「入りたい」という人が現れ始め、その中からもっとも共感度の高い人を選ぶという形でメンバーを迎え入れられるようになったのです。

こうして**1年半後、8人の会社は4人増えて、12人**にまでなりました。コンサル終了後に聞いた話では、2年程度で**売上が私がコンサルに入る前の三倍**にまで成長したと聞いています。

事例② 優先すべきコア業務を統一化し赤字から脱却

創業年：1979年
売上高：2億8000万円
社員数：35人

保険代理店B社は従業員を35人擁し、支店が5つに分かれていました。経営者であるBさんが課題に感じていたのは、支店ごとに業務のやり方や優先順位の考え方がバラバラで、統一した動きになっていないことでした。

その結果、人事評価を公平に行っているつもりでも、その評価制度に合わない仕事の仕方をしている支店の従業員から不満が生まれやすくなっていました。特に支店で窓口営業をしている従業員をどのように評価すればよいのかについて、Bさんは難しく感じていました。

外を回って営業を行うメンバーと、店舗で来客を待っているメンバーを同じように評価するのは、明らかにおかしなことです。しかし、どのような基準でそれぞれを評価すれば不公平感がなく、それぞれが自分の業務に邁進できる環境を整えることができるのかがわかりませんでした。

私はBさんから相談を受け、やはり人事評価制度の見直しから手伝うコンサルティングに入りました。まずは従来どおり、「ミッション」「ビジョン」「バリュー」を整理しながら、それぞれの担当に求められる行動目標を設定。KPIにまで落とし込みました。

5店舗にも分かれていると、営業メンバーだけでなく、サポートメンバーの仕事内容にもバリエーションがあるため、それぞれの業種、業態に対してKPIを設定し、それぞれ個別に目標を立てていく方法をサポートしました。

ここで重要なのは、業績アップに対して影響度の高いアクションをコア業務、影響度の低い業務をノンコア業務と位置づけ、前者のほうがスコアが高くなるように点数を設計して、ＫＰＩの目標を設定していくことです。

その上で、日次、週次、月次でこの点数と業績の関連性を振り返ると、やがてＫＰＩ達成に必要なコア業務に必要な時間（コアタイム）が見えてきます。そして、コア業務をこなしている度合いを報酬の評価に結びつけるのです。

このような建て付けができると、「何をすれば業績が伸びるのか」「そして自分の報酬が上がるのか」を全員が学習します。

ノンコア業務を減らし、コア業務を増やす（コアタイムを増やす）ことが重要であると認識したことで、必要だがコア業務とはいえない作業はできるだけ効率よく行う、あるいは外部に委譲する。必要でもなく、コア業務でもない作業は「やらない」という判断を下すなど、仕事に優先順位をつけることが、会社全体で意識の足並みを揃えることを可能にしました。

「コア業務が明確になった」とは、「何をすれば業績に貢献できるか」が可能になったということです。コア業務が一覧できるようになったことで、「それなら私はこれをやりたい」というように、自分の適性と相性のよい仕事に率先してメンバーが手を挙げる、という変化が表れるようになりました。

その結果、B社も一年程度で赤字状態を脱出することができました。

保険代理店は契約者数と契約内容を見れば、一年で最低限の売上がいくらになるのかがわかるので、赤字が続くのは珍しいのですが、当時のB社はそのような状態でした。人数は変わっていませんが、売上は1・5倍近くに伸びたのです。

どちらの会社にも共通しているのは、経営者は創業者ではなく二代目であるということでした。

創業者であれば、会社を設立した目的や理念などは、自然と口をついて従業員にも繰り返していたことがあったかもしれません。二代目になって「いかに会社を回すか」に経営者の意識が向きすぎてしまった結果、会社の存在意義や理念に関する理解の共有が従業員の間で薄くなり、「どのような仕事をするべきか」の意思統一が乱れていったのかもしれません。

いずれにせよ、保険代理店の経営を立て直し、新しく持続可能な組織へと立ち直らせるために経営者がするべきことの基本は変わりません。まずは、「ミッション」「ビジョン」「バリュー」を明確かつシンプルに言語化し、社内に熱を持って説くこと。社長の言葉で共感を得ることに意味があります。

その上で、「ミッション」「ビジョン」「バリュー」実現のためにどんな行動をしてほしいのかを基準に人事評価を定め、理解を浸透させるとともに、具体的なKPIに落とし込んでいくこと。日々の業務において「何を成果とみなすのか」を、ミッションにつながるように整理しなおすのです。

これは組織が、目的に向かって正しく行動するように整理することに他なりません。もっとも当たり前の状態を作り上げるために、経営者はまず、「どうして自分は保険代理店を経営しているのか」を問い直す必要があるのです。

そこから丁寧に日々の業務を定義していけば、生産性は自ずと上がります。報酬も上がり、社員の信頼も高まり、持続的な成長が可能な保険代理店へと生まれ変わることができるのです。

おわりに

心の時代と言われる今、若い人達はお金や物では動かなくなりました。

「年収1000万円の忙しい仕事よりは、年収400万円でも自分の時間がもてる仕事のほうがいい」という若者が多い時代です。

SNSで「いいね」の数をいつも気にしているように、「人とつながっていること」であったり「承認されていること」のほうが、仕事に打ち込むことよりも大切に感じている部分が多いのです。

言うなれば「人生を豊かにすること」の定義が自分達の世代とはまるで違ってきていることを、特に経営者の人達は理解しなければならないでしょう。かつては名経営者が率いる日本を代表する大手企業であっても、今や「ただのブラック企業」と揶揄されることも珍しくありません。

会社でやっていく秘訣を「始業時間の1時間前には出社して……」などと説こうも

のなら、若い人には即座に愛想を尽かされてしまうに違いありません。

ただ、「最近の若い人はわからない」と嘆くだけでは、会社の成長はありません。承認欲求が強いと言われる若者は、仕事では「人の役に立っているかどうか」を気にする傾向が強いとも言われています。

ならば、そういう特性に合わせて、業務内容を分解し、評価基準を整理すればいい。会社の理念を実現するには、日々どのようなタスクを積み重ねていけばよいのか。逆に言うと、毎日どんな仕事をすれば会社の業績に、つまり仲間に貢献できるのか。

これをはっきりさせてあげることで、生産性の高い行動を引き出すことは可能なのです。

本書で説明してきたように、それはKPIの整備により、やりがいを感じる仕組みを誰の目にも明らかにすることでもあります。こうすることで、むしろ一人ひとりの貢献が見えやすくなり、省くべきムダな業務、改善すべきプロセスなども発見しやすくなっていくのです。

それは言い換えると、スター営業が一人で抱えていた成果を上げるノウハウを分解し、皆でそれぞれ得意な業務を分担する仕組みの構築となります。組織としてスター営業を体現することで個々の負担は軽くなり、全体としてのパフォーマンスが向上するのです。

手数料の透明化の時が迫るなか、保険代理店がこの先も生き残り、成長を続けるには、保険代理店が一つのチームとして機能するあり方が不可欠です。

本書の内容は、私の小さな知見にすぎませんが、一人でも多くの経営者の目に留まり、改革のヒントになってくれれば著者として幸いです。

令和5年5月吉日

稲葉晴一

稲葉晴一（いなば・せいいち）

1982年生まれ。埼玉県出身。
2002年に保険代理店として独立した後、卓越した生命保険・金融のプロフェッショナルの組織であるMDRT会員となる。
TOT（Top of the Table）会員
2018年よりIFA（独立系ファイナンシャルアドバイザー）として株式会社イナバコンサルティングカンパニーを設立。企業型確定拠出年金の普及や金融教育にも尽力しながら、これまで培ってきた経験と個性を生かし、顧客が思い描く人生のゴールの実現の為、資産形成だけに限らず、保険全般、経営に関するアドバイスを提案。現在は保険代理店の経営者を対象とした講演やコンサルティング領域にも取り組む。

人材が続々集まる、メキメキ育つ！

スゴい保険代理店経営

2023年6月23日　初版第1刷発行
2023年8月9日　第2刷発行

著　　者　稲葉晴一

発 行 人　仲山洋平

発 行 元　株式会社フォーウェイ
〒150-0032　東京都渋谷区鶯谷町3-1 SUビル202
電話 03-6433-7585（編集）／FAX 03-6433-7586
https://forway.co.jp

発 売 元　株式会社パノラボ
〒150-0032　東京都渋谷区鶯谷町3-1 SUビル202
電話 03-6433-7587（営業）／FAX 03-6433-7586

編集協力　神崎宏則

装丁・本文デザイン　JUNGLE（三森健太）

本文DTP　bird location（吉野章）

校　　正　横川亜希子

印刷・製本　シナノ

ISBN978-4-910786-03-2